筑梦人师，青春对话

高校辅导员写给学生的 50 封信

杨皓 著

东南大学出版社
SOUTHEAST UNIVERSITY PRESS
·南京·

内容提要

随着网络的飞速发展,大学生思想政治教育面临的挑战也越来越多,如何将青年学生思想教育工作做得更加有温度、深度、广度一直是辅导员老师们不断探索和追寻的。

本书正是基于一名辅导员在工作中不断积累和思考的过程,从第1封信到第50封信,每一封信所谈话题紧扣社会需求、学生需要,设身处地,娓娓道来,与学生深入交流互动。学生能在信中深刻感受到一名辅导员对自己工作的热爱与执着以及对学生的关怀与用心。每封信也能拉近辅导员与学生的距离,为更好、更扎实地开展大学生思想政治教育工作打下坚实的基础。与此同时,信中的内容也能让学生寻找到解决大学学习、大学生活、身心健康等问题的方法,为大学生更好、更全面地成长成才发挥积极的作用。

图书在版编目(CIP)数据

筑梦人师,青春对话:高校辅导员写给学生的50封信 / 杨皓著. —南京:东南大学出版社,2023.4
ISBN 978-7-5766-0717-8

Ⅰ.①筑… Ⅱ.①杨… Ⅲ.①高等学校 – 辅导员 – 工作②书信集 – 中国 – 当代 Ⅳ.① G645.1 ② I267.5

中国国家版本馆 CIP 数据核字(2023)第 053899 号

责任编辑:弓 佩　　责任校对:子雪莲　　装帧设计:有品堂　　责任印制:周荣虎

筑梦人师,青春对话——高校辅导员写给学生的50封信
Zhumeng Renshi, Qingchun Duihua—Gaoxiao Fudaoyuan Xiegei Xuesheng De Wushi Feng Xin

著　　者	杨　皓
出版发行	东南大学出版社
社　　址	南京市四牌楼2号　邮编:210096
网　　址	http://www.seupress.com
经　　销	全国各地新华书店
印　　刷	南京玉河印刷厂
开　　本	880 mm × 1230 mm　1/32
印　　张	9.375
字　　数	150 千
版　　次	2023年4月第1版
印　　次	2023年4月第1次印刷
书　　号	ISBN 978-7-5766-0717-8
定　　价	50.00元

本社图书若有印装质量问题,请直接与营销部调换。电话(传真):025-83791830

书 序

党的十八大以来，习近平总书记围绕"培养什么人、怎样培养人、为谁培养人"这一根本问题，对新时代教育工作作出了重大部署，指出教育必须把培养德智体美劳全面发展的社会主义建设者和接班人作为根本任务。党的二十大报告中指出："全党要把青年工作作为战略性工作来抓，用党的科学理论武装青年，用党的初心使命感召青年，做青年朋友的知心人、青年工作的热心人、青年群众的引路人。"高校是培养和造就新时代高素质人才的摇篮，承载着培养担当中华民族复兴大任的时代新人的重任。辅导员是高校思政工作和学生管理工作的一支核心力量，在引导学生成长成才、推动学校事业发展等方面发挥着不可或缺的重要作用。

杨皓老师热爱辅导员工作岗位，工作尽职尽责，对待学生细致入微，学生们都喜欢称他为"皓哥"。他坚守初心与使命，善用精细化思政工作法，用心用情当好学生的思政引领者、生涯引导者、成长助力者和安全守护者，助力学生全面成长成才。"皓哥工作站"是杨皓老师坚守高等教育初心、积极探索新时代党的建设和大学生思想政治教育的创新品牌，产生了积极的社会影响。一封封饱含深情的信件、一次次真诚交心的谈话、一堂堂初心洗礼的党课、一场场别开生面的活动……他以十几年辅导员工作的视角与学生思想碰撞、真情交流，情感真挚，引人深思，教育意义深远。"皓哥工作站"品牌先后荣获江苏省"初心·使命"党员教育全媒体作品创作大赛三等奖；杨皓老师获评江苏省辅导员工作案例一等奖、南京市优秀共产党员、"南京市教师联盟"优秀志愿者、校优秀辅导员等荣誉。

如今，多年的真情付出力透纸背，镌刻于此书。杨皓老师将自己写给学生的其中 50 封信汇编成册，书中有针对党史教育和社会热点对学生开展的思想政治教育，有立足不同发展阶段学生成长的痛点难点、因时制宜对学生开展的生涯规划指导，也有辅导员工作中获得的新思考、新理念和新方法。他为学生在起点适应、道德养成、生涯规划、人际情感、身心健康、考研就业等方面提供了全面的指引和帮助，将专业见解、价值取向、人生感悟等倾囊相授，为青年大学生拨开迷雾，指点迷津。

以信之形，传爱之名。如果说课堂是教师传道授业的"主阵地"，那么以信连心、以信传情已然成为杨皓老师立德树人的"第二课堂"。杨皓老师撰写的公开信以小见大，从大学生的视角与立场出发，及时准确关切回应学生诉求，把握典型，讲好身边人、身边事、身边理，和青年大学生的点滴日常生活密切相关，借新媒体平台的"势"，传思想政治教育的"经"，耐人寻味，值得反复读、反复悟。

伟大的人民教育家陶行知先生曾提出"生活教育"理论，杨皓老师很好地践行了陶行知教育思想。这种接地气、聚人气、扬正气的方式，有态度、有温度、有深度地记录了辅导员与大学生真实的成长故事，为学生发展增底气、添骨气、长志气，可谓润物无声、历久弥新。做好新时代大学生思想政治教育工作需要不断创新方式方法，本书有思想、有原则、有活力，是作者在大量的学生工作中的积累与沉淀，也是一名辅导员"将工作经验转化为成果，将思想政治教育生活化"的有益尝试。

此书有助于广大青年大学生定位人生方向，使其不囿于自我陶醉的小世界，不惧未知的困难与挑战，汲取向上的力量勇攀高峰，也能为高校辅导员职业发展和人才培养提供可学可鉴的鲜活样本。

南京晓庄学院党委常委、副校长：鲁学军

2022 年 12 月

前 言

2015年的6月，我写下了给学生的第一封信，或许那时是我作为一名辅导员带的第一届学生毕业了，万般不舍又感慨万千，想要换种方式和我的学生交流，或许那时我已做好预想，努力写到我退休的那天；不可置否的是，到今年，每月两到三次提笔给学生写信已成为我的一种习惯。每当我走在校园，每当我与一届又一届崭新的面孔交流，每当我看到一本好书，我总会想着，把它们写下来吧，就当提升自己做辅导员的能力，就当和学生谈谈心，就当是一种记录。

古话总说"初生牛犊不怕虎"，我便也是在和学生相处的这条路上摸索着前行。可慢慢地我发现，现在的大学生对电子产品太依赖了，我想改变他们，让他们放下手机、电脑与我坐下来好好谈谈心，可他们对我这种行为总是嗤之以鼻说道："老师你out了。"后来我就真的开始反思，是不是我真的被这个时代淘汰了，"皓哥工作站"微信公众号就在此时应运而生——该和这个飞速前进的时代努力比肩前行了，我这样告诉自己。第一封信，我记忆犹新，我和许许多多的同行一样，说着陈词滥调，告诉孩子们大学很精彩但大学也不容易，希望他们看了我的文字愿意花心思认真学习，提升自己。现在看看不免觉得当时的自己也是那样青涩。几年来，为了写好这 50 封信，真是绞尽脑汁，有时候说是江郎才尽都不为过。但同学们，生活就是这样，山重水复疑无路，柳暗花明又一村，多看看我们身边的小事，多思考一些热点词汇的背后含义，这样坚持下来，便会积累到许多素材，想跟大家讲的话真是三天三夜都说不完。

  我创建"皓哥工作站"微信公众号实事求是地说不算早，于是我在"网络思政"方面做了进一步思考，充分调动一切积极因素和力量，构建全新的"网络育人"工作体系，即改变传统的网络育人仅仅是线上开展思想政治教育工作的模式，还构建了思政育人"网络团队"，让思想政治教育工作通过搭建的平台，构建以关工委老同志、行政人员、教授、专任教师、辅导员、优秀校友和身边榜样力量为主的网络团队，从而让大学生思想政治教育工作开展得更加符合时代特色和需求，更加贴近大学生的成长成才需要，更加乐于被当代大学生接受，实现思想政治引领全覆盖，达到润物细无声的效果，至今"皓哥工作站"已创作 34 万余字，说出来还是有些令人骄傲的。我希望未来在同学们的努力下，工作站可以健步如飞、奔跑起来，引领大学生思政平台到达一个新的高度。

  作为一名辅导员，日常工作可能占据了我的大部分时间，在这段时间里，一个人如果总是被动应付，是感受不到幸福的。特别是辅导员这个角色，核心工作是学生的思想政治教育工作，陷入日常事务的泥沼而忽略学生的思想工作是舍本求末的做法。作为辅导员要领会思想政治教育的"核心灵魂"及最终归宿，我认为现在的自己才勉强有了些许领悟——辅导员工作的归宿是学生的人生导师和健康成长的知心朋友，思想政治教育要有"人情味"，不能呆板，这是一门大科学，我还需要在同学们的支持下继续前行。

  本书便是我这么多年辅导员工作中的所遇、所思、所想，不过"路漫漫其修远兮"，吾仍有许多不足需要自我革新。在这里感谢曾给予我工作帮助的每位领导，感谢曾给予我工作支持的同仁们，感谢曾为"皓哥工作站"努力过的每位学生党员，感谢我的一届届学生们，我将坚持写下去，或许真如我开头所说，有一天等我退休了，我再将厚厚的几百封信拿出来看，不知道那时候还有没有想和大家分享的新故事，不过我这么唠叨的人，到了那时肯定也不忘以长者的身份告诫大家一些人生真理，还望那时候的你们不要嫌弃。

杨皓
2022 年 11 月

目 录

大一篇

003　初入大学,你准备好了吗?

009　调整自己,再扬风帆

014　为什么读大学

019　大学好难,我想回到高中,我想回家

024　请保持现在的你

029　知己知彼,百战不殆

035　从容面对选择

041　师之爱生,则为之计深远

046　笃实好学,追求卓越

052　尊重彼此,拒绝平庸

057　不畏艰难,积极向阳

062　严于律己,甜以待人

068　不忘初心,砥砺前行

大二篇

- 075　沟通交流,和谐共处
- 080　健康生活,自制自律
- 085　改造宿舍文化,营造学习氛围
- 090　我觉得……没有意义
- 095　总结过去,展望未来
- 101　辞旧迎新,愿你一切都好
- 106　为自己努力,为自己代言
- 111　为自己代言,为晓庄添彩
- 117　合理控制情绪,享受幸福生活
- 122　树立目标,敢于向前
- 127　今天的你由昨天决定,也由明天决定
- 132　懂得如何去"做"好一件事

大三篇

- *141* 请用心、用行动去爱我们的祖国
- *146* 守住初心,说易行难,贵在坚持
- *151* 一路走来,感谢陪伴
- *156* 内不欺己,外不欺人
- *162* 早计划、早规划、早收获
- *168* 改变自己,从现在开始
- *174* 伴爱同行,真情不变
- *179* 知足、珍惜、感恩
- *184* 学业预警的烦恼
- *189* 警惕在随波逐流中荒废自己
- *195* 为梦想,坚持这一次
- *201* 行你所行,听从你心,无问西东

大四篇

- 209　学会真诚
- 214　人生在锲,不索何获
- 219　正视自我,迎接未来
- 224　不遗巨细,脚踏实地
- 230　幸福"百味"
- 236　志存高远,勇于开拓
- 241　我深深地爱着晓庄
- 246　反求诸己,三省而行
- 251　"自卑与逆境"背后的"自立与自强"
- 256　不恐慌、不卑亢、不虚度
- 262　你们的健康是我最大的关切
- 267　再难也不要停下努力的脚步
- 273　朝夕乘风破浪,未来光芒万丈

大一篇

主题　　初入大学，你准备好了吗？

寄件人　　皓哥

　　初次相识，你一定奇怪为什么每天都能见面却还要以写信的方式和大家交流，我想时间久了你们便知道"皓哥"为什么这么做了。我不是一位年轻的辅导员，写信与同学们交流已经坚持了几年。我刚刚送别了一届毕业生，和他们相处了四年，让我积攒了很多宝贵的工作经验。他们踏上了新的征程，我也要继续前行！现在迎来了你们，对于你们而言，这是我们相互交流的第一封信。希望你们今后能接受、能习惯、能喜欢。

　　想必你们对大学有很多期待，又有些许紧张。我会将我工作以来积累的各种经验分享给你们，我们互相学习、共同进步，我将尽我所能给大家一些合理化的建议，我相信，只要同学们能坚持读完我给大家的每一封信，你们一定会更好认识、适应、融入大学学习、生活中来。

都说学习自主了，到底什么意思？

当你们结束军训，正式进入大学的学习生活时，你们很快就会发现大学课堂上老师讲的内容很快，也很多。大学的教室也会比高中的拥挤些，而且有可能两三个不同班级的同学在一个大教室里上同一门课程。老师也不再像高中老师那样，时不时提个问题，来提醒大家要注意听讲。在一阶段学习后，你们会发现在课堂上老师对有的内容只会简略地讲一下，这就导致理论性强的知识你能听懂，而程序性、思维性强的地方就会感觉跟不上。那怎么办？

学习自主就是这样孕育而生的。你们可以根据自己的学习接受程度，学会课前预习，课中记笔记，课后复习。大家不要觉得大学谈这个很好笑，恰恰相反，你学的好不好难能可贵的就是你能否坚持这一过程。针对大学课堂的近授课特点，你们需要提前对培养计划、所学课程有所了解，然后在课堂中紧紧跟随老师的节奏，上晚自习时再温故一下。大学的成绩统计也与之前有所不同，考试成绩可能只占最终成绩的 60%—70%，剩下的部分会根据你们的平时表现来计算。这也就要求你们在平时的课堂和作业方面不能松懈，绝不能旷课，老师布置的一些作业任务要保质保量地完成。自主学习还体现在能让自己真正地静下心来认真学习，并做到今日事今日毕。或许让你们没有想到的就是大学还有晚自习吧？对！是有的。大学晚自习是根据你们学长学姐的"特殊学习经历"安排的，是为了让你们能延续高中刻苦学习的习惯，改变"大学学习是轻松的"这种错误认知。通过几年观察，我发现上晚自习时很多学生都是"人在曹营心在汉"。说到这里，也是想提醒你们不要重蹈覆辙，因为学习没有任何捷径，相信你们能认识到学习自主的重要性并能在大学取得满意的成绩！

都说生活自助了，到底如何安排？

军训这段时间有教官的严格要求，你们基本能够做到合理安排生活。但在接下来的学习生活中，没有人定时定点叫你们起床，没有人帮忙整理床铺，也没有人天天督促你们学习，甚至在纷繁复杂的大学生活中，何以为何以不为，也不会有人第一时间去帮你们把把关。一个人从"自由"转变为"自律"的过程很艰难，但反过来思考，也只是与你是否愿意努力有关。

其实"以不变应万变"的解决办法就是——勤勉务实。生活中的勤勉可以体现在你们每天早点去上课，不懈怠学习，积极参与各类竞赛与学术讲座，认真对待学院活动和实践服务。务实则体现在自己生活时不邋遢，勤换衣服与被褥，面对生活中诸如校园贷、教育投资、协会组织等，不要试图盲目尝新，投机取巧，不劳而获，任何时候都要守住法律的底线，遵守学校的纪律规范。生活中还会面临的一个问题就是大家在一起久了难免有"磕磕碰碰"，务实也体现在不要嘴上说着爱校爱班爱宿舍，你好我好大家好，但一遇到意见不合或者生活方式不同的时候就争得面红耳赤，甚至闹着要分宿舍。我们需要有集体意识、大局意识，凡事相互体谅、多沟通、多包容。如此，你们的大学四年一定会无悔且美好。

都说朋友自处了，到底怎样相待？

首先，就让我们聊聊大家比较感兴趣的男女朋友的恋爱问题吧。现如今没有恋爱的大学生活似乎都变得不再完整，甚至一向避而不谈的家人也开始和你们谈起恋爱的话题。大学恋爱虽是同学们的自由,但你们还是要调整好自己的心态,爱情可遇不可求,不要强迫他人与自己,更不要本末倒置。其次,你们初入大学,对于来自不同地方的同学和舍友们,一定有种相见恨晚,想要秉烛夜谈的感觉吧。中国自古以来就有与"志同道合"朋友的相处之道,我想说无论是宿舍的小集体,还是班级的大集体,大家一定要相互体谅、相互帮助。朋友之间的相待,不仅要靠你们的"义气",更多的是要学会团结与督醒,这点我后面找机会再和你们仔细聊聊。你们年轻、有活力,甚至有些冲动,老师都能够理解,但不管怎么样,请你们做到不因情侣恋爱而伤人伤己,不因朋友义气而不分是非。

都说花钱自由了,到底怎么支配?

进入大学还有一个非常重要的改变,也是你们比较乐意的改变——生活费可以自己安排了。说到这里,你们是不是有种莫名的兴奋。但是,你们想过怎么去合理分配这笔生活费吗?记得我之前带过一位学生,刚刚进入大学的他,拿着一个月的生活费,顿时感觉自己身上的银子特别多,用钱没有计划,原本作为一个月的生活费,不知不觉便被他一个星期就用完了,生活也变得没有节奏。所以,你们需要算算自己每天的最高消费额度,再有计划地使用自己的生活费。这些钱不仅仅是伙食费,还包括了你们生活的方方面面,你们要做到有计划地理性消费。除此之外,你们可能也发现了,在学校里会存在一些推销活动,虽然学校一直在严格管理,但偶尔还会有人去你们宿舍、班级进行各种推销活动,希望同学们不要轻信这些。你们可能还会遇到一些急需钱或者额外开支的时候,有的同学就会说,可以和家里人"报销",但我想这样的情况还是少出现为好,我们要养成勤俭节约的好习惯。千万不要在自己忽然掌握经济大权后变得大手大脚,让自己成为没有任何自我控制力和抵抗诱惑能力的人。大学生活是相同的也是不同的,是短暂的又是漫长的,是快乐的抑或是煎熬的,你的生活你做主,一切皆因你的选择不同而不同。我愿伴君同行,助你们展翅高飞,扛起责任,报效祖国。

主 题　**调整自己，再扬风帆**

寄件人　　皓　哥

亲们！从军训结束，转眼我们的大学生活已开始一段时间了，我又寻得时间，想通过大家熟知的"关心平台"与大家说说话，希望同学们能经常听听"皓哥"说的话，并慢慢和"皓哥"成为朋友。

同学们都是经过高考的洗礼，怀揣憧憬、渴望、梦想来到这期盼已久的大学，陌生的人与校园，让很多第一次离开亲人的你们感到既兴奋又茫然。有些人很快适应了，有些人则不然；有些人仍然能严格地要求自己，有些人却无法控制好自己，不能做到自律。这让老师开始为你们担心、忧虑、思索化解之策了。

让我欣慰的是，你们在军训生活中表现得很守时、守纪，也很坚强，正如当初军训时，操场上挂着的横幅——"你若坚强，晴天霹雳又何妨"，让我至今难忘。这是一种精神召唤，不过你们做得很好，从你们每天的表现可以看出，你们已开启了幸福快乐的大学生活。

在迎新演出中,你们又表现出了当代大学生应有的活力与风采,你们很棒。即使一些硬件设施不到位,你们也表现得大度与宽容,谢谢同学们!但通过近期观察,我看到了个别人对大学生活还不能很好地适应,在生活学习中不够自律,在与人交际过程中不注重语言和礼仪。有的人缺乏自我保护意识,甚至连最简单的生活常识以及生存技能都掌握得不是很好,这让我又多了些担心和忧虑!

所以,我想对大家说,你们来到了大学,感受到了大学就好比一个小型的社会,如何在纷繁复杂的环境中静心学习、安心修身,过好大学生活,对你们都是考验。你们要学会适应,学会以学生的身份单纯而又直接地去适应,不要自以为是,因为你们真的还年轻,或许你们知道的很多,但你们并不都懂。我想从三个方面和大家探讨,希望对你们有所帮助。

1. 知识与文化的关系

有了知识并不代表有了文化。从学历上来说,虽然你们经历了高考，进入大学，攻读学士学位，但你们的很多行为习惯与你们所掌握的知识层面还不相符。比如，你们进出办公室时都和老师打招呼了吗？向老师请教问题时用"请"了吗？进入教学楼时穿的是什么鞋子？接老师电话时是怎么说话的？当老师批评你们时，你们的表情和语气又是如何的呢？也许你们生来就十分优越，但我不希望你们"唯我独尊"。我以上说的这些，你们有则改之，无则加勉，我相信你们能够做到自我反省，并且有能力、有办法改掉错误的行为习惯，成为一个更优秀的人。

2. 智商与智慧的关系

你们能考入大学，自然是聪明伶俐的。可是你们明白智慧是什么吗？从入学教育的第一课起，我就和大家重点介绍了学校的学籍管理规定和日常管理规定及注意事项，也就是我为你们标记了底线与原则！可是你们做得如何？迟到现象慢慢出现了，旷课现象也开始发生了，随意给自己"放假"甚至干脆找人代课了。公寓卫生不及时打扫，进出公寓未按要求刷卡，有的人不走公寓门反而穿越宿舍栅栏，不该让陌生人进宿舍进行推销你们还是让他们进了，不该相信培训没有着落竟付了钱的事情也发生了，不该相信没有求证的陌生电话你们也全信了等等！我有过思想准备，但还是有些措手不及。希望同学们不仅要有聪明的大脑，还要有智慧去分辨是非，去解决问题。不要自作聪明，认为老师不知情，老师只是在给你时间、给你机会。你们要学会主动学习，不是为别人，而是为自己而学。希望大家能对一些基本的常识有一定的辨别能力，能克服惰性，去敏锐地学习与认知，提高自我保护的能力，增强个人的责任感与荣誉感。

3. 欲望与理想的关系

相信很多同学的内心都有许多想法与计划，姑且用"想法与计划"来形容，或者再往深层地说是每个人都有自己的欲望，可是欲望与理想是两个完全不同的概念。我们不能一遇到困难、挫折、伤心、失败，就无法振作、无法释怀、无法坚持，从而丧失前进的动力和奋斗的方向，进而迷失了自己、放弃了自己。我们必须将自己的欲望上升到个人的理想信念，只有树立了正确的"三观"，才会找到正确的前进方向，才会有前进的动力，不断进步，明白什么可为什么不可为，从而一步步走向成功。

　　这是你们来到大学后我们交流的第二封信，对你们来说一切都不晚，知道你们的课很多，压力很大，甚至你们还有些委屈。我恳请同学们能理解老师的用心，认真对待我与大家分享的点滴，做到不仅有知识还要有文化，不仅有智商还要有智慧，不仅有欲望更要有理想。

　　请同学们重温老师这一个多月以来和大家开的每次班会内容，认真地思考"你为何来到大学，你打算怎样度过大学四年学习生活，你毕业以后又是怎样的你"等，让我们一起努力，做到不放弃、不抛弃！为自己的大学目标而努力，为自己的人生目标而不懈奋斗！

主题　**为什么读大学**

寄件人　皓哥

　　每年的 3 月 15 日是南京晓庄学院的校庆日，这是一个在日历上不曾被标识的日子，但对于每一位晓庄学子来说却是难以忘怀的特殊日子。八十九年前，也是在这样一个春意盎然、满怀希望的季节，伟大的人民教育家陶行知先生创办了晓庄试验乡村师范学校。回首这悠悠八十九载，斗转星移，新老交替，有多少前辈，用他们甘为人梯、无私奉献的精神激励着一代代晓庄人不懈努力，又有多少新人，在晓庄这片热土上茁壮成长、磨砺成材。一代代薪火相传，一代代青蓝相续。

　　"走进晓庄门就是一家人，走出晓庄门还是一家人"，从报到第一天起，你们就加入了"晓庄人"的行列，从此，你们的进步、欢笑、成功都与晓庄紧紧相连。在过去的那些日子里，我们一起栉风沐雨，一起桃李芬芳。面对如今的南京晓庄学院，任何一名

"陶子"都会感到骄傲，感到自豪，更感到使命沉重。

"晓庄人""陶子"这类称呼我估计大家还没有完全熟悉吧，因为大家来到晓庄的时间还不算长。我想随着你们在晓庄待得越久，你们将亲历晓庄未来四年的变化，到时一定会和我一样激动。因为作为一名大学生，伴随着你们在校园一天天地成长，个人情感的成熟会让你们更加懂得什么是母校，即便你们走上社会也会意识到曾经就读的大学对你们的发展是何等的重要，你们与晓庄的命运早已紧紧联系在一起。

同学们有没有问过自己一个问题：你们为什么来到晓庄，为什么读大学呢？

我们国家自古以来就崇尚教育，以至我们听到很多流传至今的关于勤学苦读的典故，诸如：凿壁偷光、囊萤映雪、悬梁刺股等等。同学们也一定和我一样，从小到大经常听到一句话，"你们只要考上了大学一切都好了"。

"一切都好了"这是我们中华民族祖祖辈辈对读书可以改变命运这个认知的集中体现，那么作为新时代大学生，你们对这句话又是怎么认识的呢？如今，科技进步仍然是推动国家发展和社会进步的关键，而科技进步依赖于各行各业更多的精英人才，那么这些精英从何而来?

我们从幼儿园直至高中,都在不断地积累知识、储备知识和发掘自己的潜能。到了大学,才完成由普及文化知识到专业知识的转变。你们都有各自的专业,专业知识是你们将来的立身之本,也是你们生存的一技所长。其次,就要看同学们的责任与担当了,你们在自己的专业领域学习精益求精,不断联系实际进行创新改革,要么进入更高的学府开展更深入的研究,要么走向岗位创造更新更具代表性的"中国制造""中国速度",这就是精英,也是大学所要培养的。

各位来到晓庄之后,应该也会发现不是只要"上了大学一切都好了"吧。大学只是为大家搭建了更高的学习平台,在这个平台里大家可以学到更多更专业的知识。同时,知识结构变了,内容变深了,难度也增加了,想必大家经过第一学期的学习已经感受到了。所以,各位仍要继续学习,保持你们十几年来优秀的学习习惯,在大学学习的转折点开启你们新的人生起点。

大学是知识的天堂,也是我们绽放青春、成就梦想的地方。在这里,你可以学到各种各样的知识,也会懂得越来越多,这些知识丰富了你的大脑,但千万不可忘了我们的根本。作为"晓庄人",我们要求真、求精、求新、追求真知、学做真人。社会在不断发展,诱惑会越来越多,面对的挑战也会越来越严峻,如何做真正的自己,坚守自己的价值观,"何以为何以不为"就显得尤为重要。只有将道德和行为合二为一,从内到外磨炼自己,踏实前行,才能真正成为德才兼备的人才。

我们的母校——南京晓庄学院的校训是"教学做合一",简短的五个字却包含了教育的真正含义,我们要在做上教,在做上学。在做上教的是先生,在做上学的是学生。通俗地说,我们要将实践与学习联系起来,在实践中领悟学习。大学阶段,不再是被动学习、死记硬背、及格万岁,我们要学以致用,让学到的知识成为自己未来的一笔财富,坚信只有"做中学"才能创造价值。今后,你们或许选择考研深造,或许选择从政为官,或许选择自主创业,但不管你是何学历、何岗位、何地位,都不要忘了,理论一定要联系实际,不要空想、空谈、空学,要踏实做事,有真才实学才能解决一切问题。

这时我们再想想"为什么读大学"?这是时代赋予我们的责任,因为知识不仅仅能改变一个人的命运,更关乎国家的繁荣富强,这也是我们每个人立足于社会的基本技能,只有更高的学历和更全面的知识结构才能不被这个社会所淘汰，才能让我们有能力、有资本去照顾我们该爱的人。

　　同学们，胡适先生说过："生命本没有意义，你要能给它什么意义，它就有什么意义，与其终日冥想人生有何意义，不如试用此生做点有意义的事。"让我们以每年的校庆作为一个崭新的起点，携起手来，师生共同努力，延续我们南京晓庄学院的光荣与梦想，共创晓庄辉煌的明天！

主 题　**大学好难，我想回到高中，我想回家**

寄件人　　皓　哥

　　最近在和你们谈话过程中，我反复听到了这么一句话——大学好难，我想回到高中，我想回家。起初第一位同学和我说这样的话并没有引起我的注意，接下来一个、两个、三个……

　　对于你们会有此感想我没有任何思想准备，疑惑的同时我反复回忆着自你们入学以来的各种经历和表现。曾几何时莘莘学子居然不想上大学，要回到高中去。同学们可以回想一下你们的高中冲刺阶段，你们各科老师是怎么向你们描述大学生活的，是怎么给你们鼓劲的？于是我开始了我的工作……

　　经过一段时间的深入了解，我借这封信，尝试与大家交流，希望对你们有所帮助。

1. 大学"好难",你们别慌

你们觉得难或许源于你们对大学生活的片面认知,想着大学肯定比高中要轻松一些,然而当你们步入大学后却发现并非如此。所学课程要求都十分严格,学习的形式也多种多样,比如课前预习、上课回答问题计分、课后作业、论文报告、观看网课视频、网上作业、各类学术报告等,看着就比高中学习复杂得多。这是因为大家之前对大学生活认知不全面,其次就是你们还没有从被安排式学习转变为自主学习。不仅如此,还有各类讲座、入学教育培训、社团活动、广播体操、学生安全知识答题、学生手册考试、晚自习等各类活动也有参与次数的要求。从列举出来的项目看,内容已是烦冗复杂。可是同学们不要慌,这是由于你们到了大学,成长了,不再像高中阶段只面对学习,大学还要求你们自己处理与学习相关的所有事情。所以,你们感觉忙来忙去或许还没有头绪。其实不然,以课堂学习为主,课前预习、课后复习,本身就是大家学习的习惯,不是吗?然后,再明白一个道理,大学的学习不仅仅是专业知识的学习,还包含了专业素养的提升、专业实践能力的培养、人文与价值观的培养、家国情怀的培育。

这就决定了课堂学习以外，你们需要了解更多关于课本的相关知识，以及课本以外的社会学问。不过，请同学们再坚持坚持，等你们完全融入大学后，就会发现大学的考核方式也是多样的，大学所学的知识也是精彩的，只要你们不慌张，抓住课堂学习这根主线，其他一切都会越来越好。

2. 大学"好难"，你们别怕

从另一个角度而言，你们要重塑学习思维。学习不再仅仅追求分数至上，不但要学习好，更要学会学习。明白学习是多元化的，你们要从学习计划扩展到学业规划、专业规划、生涯规划，还要从学习书本知识延伸到传统文化、社会知识、文化素养、人文交流等。但是不要怕，这是由于你们获取知识结构在调整，所以会感觉到有很多事要去做。请你们重拾高考的奋进、决心与勇气，克服心中想要去逃避的怯懦心理。因为这是你们一定要去面对的，而且必须靠你们自己！刚步入大一的你们，自入学以来，方方面面的事情也确实多，这是为了让你们尽快明白，大学学习节奏不比高中慢，也是为了让你们能更快地融入其中，这也是人才培养方案所规划好的，请同学们放心。你们需要做的是合理分配自己的时间、端正学习态度、适当放松心态，积极参与各类活动，但活动的频次不能过多，一切都应随着你们的接受程度而定，做到量体裁衣，不能影响学习。也许这些话说得有点空泛，但我想你们每个人只要有此意识，就能寻找到适合自己的大学生活节奏。说到底，你们还是习惯了之前被安排、被组织的生活，到大学一切都需要自己面对，这种转变的苦你们的老师也曾感同身受，我也是这么过来的。所以请你们不要怕，一步一步去做，年轻就要舍得让自己受苦。

3. 大学"好难"，你们别弃

想回高中，想要回家，反映的是你们想要放弃、逃避的心理。你们是站在高考结束、顺利考上大学的今天"抱怨"自己的现状。但是回想你们备考时的状态，难道不累？不紧张？没有心理压力？而如今，面对各种学习你们都要自行安排，丰富的第二课堂活动让你们应接不暇。在交流中，还有学生告诉我，以前早上起来，家人都替自己准备好了一切，晚上回家忙完自己的学习就睡了。但是现在从早上起来晨跑，到晚上学习完洗漱休息，还要自己洗衣服，打理床铺和卫生，感觉生活处处都要靠自己。同学们难道没有发现这就是成长，这就是一个人生存所需要的基本技能，现在有时间让你们适应就好好锻炼一下自己吧。所以，同学们的感受我非常理解，也很明白，可是作为大学生的你们，难道把解决成长的烦恼就简单归结于——我想回到过去，不想长大？试着想想，难道你们只有自己？如果大家都想着被照顾、被安排，那么什么是责任呢？所以，希望同学们扛起责任，承担起对家庭该有的责任，更要承担起建设祖国、报效祖国的重任。

我们之所以觉得岁月静好，是因为有人在默默为我们负重前行。你们想想看过的《战狼》《烈火英雄》《我和我的祖国》《攀登者》《中国机长》等。每个影片对于我们都有很多震撼和感触，希望你们能从中找到鼓励自己前进的那个点，这就是动力的源泉。

我希望同学们不仅仅是那位享受"岁月静好"的人，还要立志成为那个为身边的人、为这个社会、为这个国家去"负重前行"的人。当你努力的时候，你会觉得自己已经拼尽全力了；而当你拼尽全力的时候，你会觉得自己还不够努力。一定要明白，越努力，越幸运！努力创造更多的美好，我相信你们可以的！

主 题　**请保持现在的你**

寄件人　皓 哥

　　每年的九十月份是大学校园里最有活力的时候，随处可听——"老师好！"。课堂上不会有人睡觉，不会有人玩手机，也不会有人随意迟到、早退和逃课。晚自习的教室里，大家认真看书、小声讨论，学习的氛围非常浓厚。再看看宿舍，里里外外，卫生都打扫得相当干净。大家参与学生社团的积极性也十分高涨。这一切在我看来是多么美好的"景色"啊。

　　可是就像中了魔咒，这样的"美景"会随着时间推移，变得越来越少、越来越糟、越来越淡、越来越稀奇……我百思不得其解，不知道同学们是如何将这种变化演变为命中注定。不过我特别希望同学们能保持现在的你，好吗？

1. 请保持你现在的那颗上进心

通过这段时间的学习，你们对大学应该有了更多的了解，对所学的课程应该也有了所谓的"难"与"不难"的认知。但我相信现在的你一定在努力向前走，努力克服着你遇到的种种问题。你们的任课教师和班助反馈你们表现很好，上课听得很认真，玩手机得也很少。我去宿舍看你们，个别同学在打游戏，但更多的同学在看书写作业，或者用电脑观看学习视频。刚步入大学的你们，猛然间脱离了高中紧张的学习氛围，远离了父母的关心，你们的表现很容易出现两个极端。做到初心不改的重点在于各位能端正学习态度，重拾高考时的那份上进心，保持现在面对大学生活的热情，记住当下的言行举止，那么无论你们今后在学习生活的前进道路上有多少坎坷，只要像现在这样正面迎接，你们必将赢得大学！

2. 请保持你现在的那份求知欲

2005 年，Steve Jobs 在 Stanford 毕业典礼上进行演

讲,最后送给在场所有的年轻人一句话——Stay Hungry,Stay Foolish。这句话有很多不同解释,此时此刻,我想把它理解为"求知若饥,虚心若愚"与同学们共勉。尝试着回忆你拿到大学录取通知书的时候,兴奋之余是不是还对未来自己的学习有了更远大的目标?试着想想从你们迈入大学的那刻起,是不是对自己未来的大学生活充满了希望?开学至今,不知你们的那颗心有没有改变,有没有被看似"自由"的大学生活给"腐蚀"。在学校周末举行的一些社会技能考试监考中,我常常看到参加考试的人中有30岁左右的年轻人,也有50多岁甚至60多岁的老人,看着他们复习所用的书本,书上做的清晰标记和记录的工整笔记,真的深深打动着我。同学们想一想,是什么样的一种动力,鼓励着他们如此认真学习——工作需要?生活所迫?我想不仅仅如此,更多的应该是求知欲。因为前两者,他们可以选择尝试其他途径,只有立足于自己的工作岗位和角色,本着那份对知识的求知欲望,才能让他们执着而又拼搏。于同学们而言,你们拥有着得天独厚的条件、风华正茂的年纪,学习正当时,所以请同学们好好珍惜吧。你们终将走向社会,请为将来成为优秀的自己储备更多的资本吧!

3. 请保持你现在的那种敬畏感

  如今喧嚣的社会风气，使得大家的生活节奏变快，这原本是件好事，但对于获取知识来说，就未必了。当大家遇到问题时，要么想着快点找熟悉的人问一下，要么想着上网查一下，要么就干脆想放弃书本，去从形影不离的手机中获得答案，节奏是跟上了，那份探索知识的热情却不知去了哪里。之所以让同学们保持敬畏之心，是希望同学们能明白，这种敬畏不仅仅是对老师，更多的是对所学的知识。你们作为学生这个身份来讲应该都知道学习不可能给大家快速带来"效益与成功感"，可是这一点又恰恰是相当一部分人所期盼的。希望今天做一件事，我能立马得到好处就开心了，参加一个活动，我立马能得到活动章或奖励就好了等等。可是同学们，知识是一个不断积累的过程。如果你们能保持对知识的敬畏之心，就一定能静下心来在这条学习路上不断前进。这里，我所讲的敬畏还有对大学生活的敬畏。现在同学们到办公室懂得敲门，有什么事情知道走请假、销假流程，参加一切活动知道排队与准时，即使一不小心犯了错误还会十分小心地和老师发条短信等等，这些都是我们中华民族的传统美德！无论你今后走到哪里，有多么优秀，请心中常怀对他人或者事情的那份敬畏，你一定会比别人进步更快，获得更多。同样，请同学们放心，尊重与敬畏是相互的，这点不是只要求同学们，我也一定如此，希望我们师生之间能彼此敬畏，真心相待，相互学习，共同朝着心中的目标而努力奋斗。

在读《年轻，就要舍得让自己受苦》一书中，我做笔记时抄了这么一段话——我们都有思想，但不能只有思想，做思想上的巨人、行动上的矮子，是没有用处的。现在畏惧艰辛不肯努力，那么未来的我们就没有资格抱怨。一位寓言家曾经说过这样一句话：现实是此岸，理想是彼岸，中间隔着湍急的河流，行动则是架在川上的桥梁。我说的上进心、求知欲和敬畏感，是希望同学们能在此基础上保持自己奋斗与学习的初心，并且在这样的一种态度下脚踏实地地去完成。那么，四年后，你一定会到达理想的彼岸，成为更有价值的新时代青年。

主 题　知己知彼，百战不殆

寄件人　　皓　哥

"光阴似箭，岁月如梭"我想随着我们彼此年龄的增长，对于这点体会一定会更加真切。各位肯定还记得高考结束后的期盼；肯定还记得拿到录取通知书时的兴奋；肯定还记得刚入大学时的喜悦；肯定还记得军训时的苦楚；肯定还记得在大学上第一节课的场景。

而此时，你们期盼已久的大学已悄然过去了一个学期，即将面临考试周，希望大家能认真备考，诚信考试，考出自我。对你们来说，曾经的"还记得"仿佛就是昨天，如今迎来了第一个学期末。再往远处想想，我们大学四年何尝不是如此。所以我想对同学们说，时间是不等人的，看似简单的事，又有多少人完全做到了珍惜时间，争分夺秒地做自己该做的事并努力实现自己的目标呢？

最近一段时间以来，同学们过得还是比较充实的，你们在课后之余，练习了广播操并参加了比赛、参与了学院的各类大型活动、志愿服务活动、社团活动、微信与网络各类投票活动等等。大家不要以为这些活动是随便开展的，也不要以为我并没有关心你们参与的情况，也是在这些活动中，我看到了大家不同的表现，说实话，我有些不得其解。其一，各位在同样的起跑线，可面对集体活动居然表现出来差异甚远的态度；其二，各位在参与活动时面对负面情绪说出来的话让我不能接受；其三，各位身后标榜着"当代大学生"可我未曾感受到与之相匹配的综合素质与人文涵养，例如一部分同学上课拿着手机玩着游戏、上网看电视剧、上课耳朵里还塞着耳机、缺席集体活动，或者反问一句"这对我有什么好处"等等，当我与个别同学交谈时，有种我们素未谋面的感觉，那样的"场面"我都开始怀疑自己还是不是你们老师了。

以上种种，让我很着急、很苦恼，更是为各位捏把汗。大学的美好时光就这么过？我们动不动就说祖国的未来属于你们，各位肩负着实现伟大民族复兴的重任等等，照这么个节奏下去，如此的价值观，祖国还能依靠你们？你们又能让谁靠得住呢？想来想去，我和同学们再做以下几点交流：

1. 了解我们的大学模式

前面和大家谈过，大学更注重的是自主学习。一名大学老师负责好几个班级大概200多名学生，一般任课教师上完课在办公室待的时间不长，你没有主动预约那他们基本是上完课就离开校园了。所以，自我管理、自主学习的意识和习惯的养成全靠你们自己把握，听不听课也由你们自己决定。但你们应该明白与理解这种培育方式，因为自主学习模式和宽松的管理模式是与你们年龄相匹配的。你们有不懂的地方应该要学会主动去问老师，主动学习，多去图书馆，多思考自己大学毕业后想做什么，能做什么以及做这些需要具备哪些能力，从而不断充实自己的大学生活。大学举办的各类活动是为了增强你们的综合素质，即便对这个活动你不是很感兴趣，但能坚持参加，也是对个人的品德、意志、良好习惯的培养，做人做事不要太有针对性，更不要太势利。切不可做什么事都问对自己有没有好处，试问，培养的大学生个个都这样，今后走上岗位，哪个企业敢要这样的人？你们身边还有朋友吗？更何况对于教育而言，有没有好处不是由同学们的个人喜好判断的，大学里任何经历对同学们来说都是有利的。所以一个人一辈子要做到相互理解与尊重，自觉自知自践，崇尚知识和荣誉，关心集体与他人。

2. 了解自己

其实我也能理解你们所形成的认知观念，生活与学习习惯是不可能一下子改变的。大学之前的学习，老师会盯着你们学习，只要成绩优秀你们就一切优秀。如今到了大学，不是这样了，凡事要自己去安排，要自己去规划学习，要求你们能独立，要学会与人相处等等，这些看似再平常不过的事，突然转接到你们身上，你们倒把它当成了负担。所以，你们要先了解自己，学会取长补短，约束自己，找个平台锻炼自己，学会交友，懂得生活。在你的生活中不再仅有学习，还要有个人担当、集体观念、社会角色。从这点上考虑，想想你们身边的班委，其实他们和你们是一样的，却承受了很多责任与压力；想想你们身边一些同学，人家在学习上有目标有计划；想想你们身边的优秀学长，人家也是在摸索着成长，最后做到不仅学习好而且做人也有礼有节。我相信只要你们认清了自己，发现自己的不足，多向他人学习，如此今后在做任何决定或说话时就一定会处理得更好。

3. 了解人之常情

一个人在成长的不同阶段都有可能遇到他想做的事和不想做的事，想说和不想说的话，以前你们总是迫于某方面压力都做了。比如第一次自己走路，旁边不再有人扶你，逼着你迈出人生的第一步；比如不想上幼儿园，哪怕你哭着闹着大人还是逼着你开始了长达几十年的学涯之路；比如自认为长大了的你们，在初中、高中开始慢慢地学会了与父母"谈判"，可还是被父母的打骂或说教一次次征服。如今，你们上了大学，这种自认为长大了的感觉越发得强烈，认为自己可以处理一切，可是事实真的如此么？如果真的认为自己长大，你们应当明白，学习本身就是枯燥又寂寞的，也不可能只学你们想学的，考试也不可能只考你们擅长的那一门，我们不能把长大了理解成"为所欲为"。所以，我们应该规范自己的认知与习惯——学会做人与做事，学会学习与思考，学会独立成长与生活，学会尊重与换位思考，学会交朋友与处朋友，不要太现实，不要太计较得失。或许你们嫌我唠叨，但等你们走上社会，你们一定会发现我的话是有一定道理的。

　　大学虽说是四年，但一眨眼就过去了，犹如这第一个学期，就这么快地度过了，希望同学们半年的大学生活都很如意，同时学期末成绩都能如愿。寒假在家能有些思考，对自己的大学生涯、职业生涯能有所规划，让我们共同努力，共同成长，共同进步！

主 题　**从容面对选择**

寄件人　皓 哥

各位同学们大家好！近来各位因跨类的事情烦恼不停，老师非常理解，但想和大家说，要放平心态，假如学校没有这样的一次"选择"机会，你们会怎么做？难道失去学习的动力了吗？感觉希望都没有了吗？

这几天，趁着大家等成绩、等结果的时间，我和一部分同学做了深入的交流，我深刻感受到很多人很喜欢学校，认为学校很美、很干净，老师们很亲切，同学们很朴实。大家认为所学的专业挺好，只是有些课程学起来很难，比如高数、导论、大学物理等等。你们也都在努力，我听了很欣慰，也很开心。但随着专业成绩出来后，可谓是几家欢喜几家愁。不想跨类的早早回家盼过年了，想等成绩出来后再想的人心态倒是还不错，生活状态很轻松，和我说话也显得很自然；一心想着要转专业的人，在紧张地等成绩；成绩好的人在考虑怎么一心想转的专业只限报 10 人，哪个机会大呢？想转专业但是成绩有点不理想的人，这两天都是一脸忧愁，浅层次讲你们是在忧虑自己当前转专业的事，心情不太好。但你们要知道，我看到你们如此让我更担心："这次机会反而让你们没有了以后的机会"！

1. 如何迎待这次"选择"？

这次选择，从一般意义上说就如人生一次巧遇，恰巧你来到南京晓庄学院，又恰巧这所学校有这样一个人性化的培养模式，但根本目标是为了让大家了解大学、了解自己，恰到好处地学习，让各位更好、更快、更优秀地成长。可人的一生，怎么可能只要了解了自己就能找到完全适合自己的路呢？快乐之路、开心之路就那么几条，社会竞争是现实而又残酷的，适者生存！每一个专业都需要精心耕耘，当选择来临时，我们要做的就是清醒地认识专业、清醒地认识自己，结合人生规划静下心来看看自己最适合什么。同学们，我们应该以一个积极、正面的心态去看淡这次选择，同时学会重视人生每一次这样的选择。

2. 如何看待这次"选择"？

同学们的心情我很能理解，但学习对一个学生来说，什么时候都不晚。从一开始大家就应该知道，这次也只不过是前30%的人有这样的机会，那也只是符合选择的机会，最后能进入程序的人更是少之又少，所以大家不能因这次的选择而让自己沉静的学习心情浮躁起来，从而影响自己坚定的学习之路。这样不利于下学期的学习，也违背了我校设置该培养模式的根本目标。

人的一生，将会有很多次这样的选择，不可能每次都能如人所愿，我们不能让一次次这样的选择决定了我们，而是要让自己更加强大去主动选择。很多同学表示想转跨类的原因是现有的个别课程听不懂，上课一会就跟不上老师的思路，听得一头雾水。请大家进一步思考，听不懂个别课程的根本原因是什么？是学习方法不合适，还是学习态度有问题？自己是否真正投入了百分之百精力去学了？还是初次接触这门课出现畏难情绪，本能地选择放弃了？

其实如高数、物理等个别课程初期听不懂是正常现象，可以试试以下方法：每一科准备一个本子，上课前看课本或结合老师发的预习资料、网课资源，用20分钟勾画和记录本节课的重点，用红笔标注疑惑之处；上课时快速记录老师讲的重点关键词，而不是记录老师说的每一句话，有疑问不要一直想，红笔圈出后继续听老师讲课，整节课需要和老师同频，时刻紧跟老师的节奏；课后回顾标记的疑问之处，带着疑问去问老师，回去再一次梳理笔记重点。

据老师了解，大学没有哪个专业每门课都是轻松的，如果不能转变学习态度和找到适合自己的学习方法，即使如愿跨类成功，依旧会有听不懂的课程，逃避不能从根本上解决学业问题。

3. 如何对待这次"选择"？

同学们一部分在纠结选择的结果，还有一部分是在知道自己的成绩后，感到失望了，不曾想过自己会挂科，结果最担心的物理课和数学课还是挂了，进而恍恍惚惚的。其实同学们，顺着这个思路想想：你们问问自己，有多少人真心了解自己想要什么，不想要什么，这种"想"是真实的而又符合你们年龄段的那种成熟想法！所谓的学习难，不好学，我想学师范，想学金融等等，出发点是什么呢？学习原本就是无味的，哪个专业的学习不难呢，唯一的区别是，你以什么样的心态去面对各种困难。可能有的同学在家长的引导下和周围人的影响下觉得自己适合学什么，有的同学懂事早觉得自己要学习，有的同学出发点是什么呢？是人云亦云、众说纷纭，还是其他？面对学习中的难与不难，不能说和自己的兴趣一点关系也没有，因为兴趣会促使你乐观地迎接挑战，主动应战。而面对一开始没有兴趣的学习，起步就容易有一些抵触情绪，进而做出一点努力就感觉是举步维艰，浑身难耐。其实不然，学习中的兴趣是可以慢慢培养的。每块土地的肥力和水分是不同的，需要盯紧自己耕耘的那块地，认真听每一节课，不只是学习理论知识，还要学习借鉴哪些方法来帮助自己实现这块地的丰收。如果经过一段时间的了解，还是无法对自己当前的专业产生兴趣，也不必沮丧，有勇气尝试、面对自己不喜欢的事情，也是一种能力。大家来到大学，有几个能完全自主选择，你们来高校的目的又是为何呢，应该告诉自己，假如从一开始进校来到这个专业学习，一学就注定是四年，你会怎么做？只要大家沉下心来好好学习，从平时课堂学习的积累、实验过程的体验、学科竞赛氛围中的感受，你一定会发现现在所学的计算机或数学或其他专业也是乐趣无穷的、前途无量的。人生只要这样去想,只有这样去面对"选择的结果",才能让你乐观成长,积极抗挫,学会懂得!

主 题　**师之爱生，则为之计深远**

寄件人　皓 哥

"父母之爱子，则为之计深远"，今天，我想借它表达另外一种情感，"师之爱生，则为之计深远"。在这半年的学习时间里，我见证了你们的成长、自信、顽皮、任性、进步、自强与努力。可谓：取真经，降妖除怪千钧棒；酬壮志，涉水拔山万里程。

所以，我想对大家说，在新的一年里，大家要以饱满的热情去面对学习，不管有多少困难，不管大学的第一个学期是否如意，都不能改变学习的信念。更不要忘记当初上大学时的壮志凌云，不管千辛万苦，脚步要铿锵有力，做个有责任感、勇于担当的好学生！

古人云：每逢佳节倍思亲。今天除夕，不知不觉让我想起当初你们报到时的情形；想起你们对硬件设施不满却对我投来理解的眼神；想起你们军训时的飒爽英姿；想起你们第一天上课我去课堂见到的新气象；想起第一次召开年级会议的炽热场景；想起你们第一次组织外出游玩的情景；想起你们开展奖、助、勤、免、贷、补、评优等活动时各位谦让的豁达胸怀。我不能再想了，此刻，只想对大家说：与你们相识我很荣幸，与你们相知我很满足，与你们相伴四年是我莫大的幸福！感谢有你——同学们！

回顾刚刚过去的一学期，我们相互理解、相互支持、相互包容，我们在大学的第一个学期相处得非常愉快，也希望我们今后的每一个学期都能如此，或者说是更好地相处。不过大家不要误会，更好地相处指的是我们可以有分歧，可以有误会，可以有谈话，可以友善地争执，但不管怎样，我们还像亲人一样彼此信赖，像朋友一样彼此支持，像亲人一样彼此珍重！我也想在此对你们做出郑重承诺：我愿倾我所有，鞠躬尽瘁，全力以赴——以最大的精力竭尽所能地培育你们；以最博大的胸怀去接纳你们；以最真诚的爱心去滋润你们；以饱满的热情去对待你们；以永恒的信念与你们共同前行！

我希望你们能成长为会爱人并受人所爱的人，学会与同学和睦相处，学会尊敬老师、感恩父母，才有可能被爱包围，保持"有人爱"的状态；最后，也要"有所期待"，随时充满正能量，保持对美好生活的向往。有部电影叫《人生遥控器》,说的就是一个人拥有一个神奇的遥控器,然后不愿意经历什么的时候就按快进键,结果走到生命尽头的时候却发现人生是空白的,什么都没有。我们现实的人生没有这样的遥控器,如果你每天浑浑噩噩地度过,不用心体验生活,去体会生活的酸甜苦辣,最后你的人生也是空白的。

南非总统曼德拉说过:"你若光明,这世界就不会黑暗;你若心怀希望,这世界就不会彻底绝望;你如不屈服,这世界又能把你怎样。"北大才女卢新宁在演讲中也说过:"请记得:你所站立的地方,就是你的中国;你怎么样,中国便怎么样;你是什么,中国便是什么;你有光明,中国便不再黑暗。"说到底,中国是什么,世界是什么都取决于每一个小"我"。我们"爱自己",他人也会感受到我们的爱;我们"积口德",这个世界便会充满美好动听的言语;我们"行善事",世界就会充满正能量。少一点浮躁,少一点抱怨,多一点宽容和赞美,也就拥有了把爱传递给世界的力量。

年轻人中流行一种说法:"只要你选择躺平,世界就会为你让路。"还有人分享了自己的躺平心得,有人出了躺平攻略,其实,我们没有资格躺平，我们也没有资历躺平，我们更没有资本躺平。青春应该是奋斗的代名词，无论我们读什么样的大学，因为年轻，我们注定要保持前行。

有句话说得好："世界上没有两片完全相同的叶子。"这句话告诉我们一个道理，其实我们每个人都是独特的，每个人的生命都是独一无二的，我们有自己的经历、体貌特征、性格、兴趣爱好、专业技能等等。因此，我们应该结合自身的实际、社会的需求，走适合自身发展的道路，充实自我、挑战自我、突破自我，务实理性地选择实现人生价值的方式和途径。

多姿多彩的大学生活在带给大一新生新鲜感的同时，伴之而来的压力也会让人无所适从。来自五湖四海的同学们带着不同的生活习惯汇聚到了一起，在文化、经济水平上存在种种差异，不可避免地会对初入集体生活的同学们造成冲击。能否尽快地应对、消化这种冲击，是顺利适应大学生活的关键。当你意识到他人的独特时，不要抵触与排斥；当你认识到自己的独特时，也不要急于掩饰与退缩。正视自己和他人的不同，学会接纳和欣赏，不排斥他人带来的影响与改变，也坚持自我的独立和高贵，在压力的洪流中夺回自己选择的权力，只有真正做到听从自己内心的声音，才能成为自己想要成为的人。

  人生在世总有不如意的地方,也会有不同的烦恼。不过,春节到了,希望各位可以从思想包袱中解脱,从认知态度上给予重视,记住我前面说的,一切也不晚。新的一年新气象,新的希望新的拼搏,新的历程定会有新的突破。今年的冬天格外的冷,今年的雪也下得万分得急。有一种雪,从天而降,落地而化;人世间也有一种爱,自吸引中诞生,在融洽中升华;我的朋友中又多了你们,识于偶然,止于永久!再次恭祝大家春节快乐!

主 题　**笃实好学,追求卓越**

寄件人　皓　哥

　　新的一学期已开始,并且悄无声息地过去一个多月,新的一年也过去四分之一了,大家不妨停下思绪想想。

　　我们第一学期相处得很愉快,我也不止一次地表扬过你们很懂事、很自觉、很守纪。但第一学期考试成绩出来后我有些不知所措,咱们挂科人数达到 98 人,主干课程挂科的人数达 65 人,两门及以上挂科的人达到了 25 人。让我为之一惊,深感压力之大,不得不让我重新审视一下我的工作和思路。为此这段时间我主要做了这么一件事情:找相应的同学逐一进行了谈话,特别是挂科在两门及以上的同学我还与你们同学或者家长进行了沟通,目的并不是为了给各位施加太多的压力,而是想更多地了解各位挂科的原因,想从根本上找出缘由,是以往学习基础问题、还是学习态度问题、还是大学学习环境适应的问题等,我们的谈话很诚实,很诚恳，谢谢你们！

通过这段时间我可以给各位做这样的一份"判决书"，不是各位学不好，不是各位学得多，而是你们投入在学习方面的精力少之又少，你们哪怕用高中那么一点点的功力我想也不至于如此。同学们和我谈了很多，对自己分析的也很客观。比如有的同学说自己太放纵了，离开了家便没有像高中那样对自己要求严格了，平时没怎么学，到了考试发现再看书已经来不及；有的同学说和高中底子没有关系，只是自己根本没有认真去学；还有的同学则表示没有完全适应大学学习的节奏与进度，所以才出现了挂科，表示一定会在今后的学习过程中好好努力，让我听了后很动容、很欣慰。同样，通过本学期入学以来的 学习情况看，我去宿舍次数故意少了些，也没刻意去查课了，但你们表现很好，做到了你们的承诺，我没有看错你们，期待你们后期的矢志不渝与言行一致。

为了给大家再鼓鼓劲，我还是想对大家提出几点要求，共勉：

1. 认真对待，重视每天的学习

"书山有路勤为径，学海无涯苦作舟"。学习是一个积累的过程，不要想着临时抱佛脚，投机取巧或者说想着有种方法达到事半功倍，我可以明确地告诉大家，对于学习的过程这是绝不可能发生的，也不会出现转机的，大学引导你们更多的是自主学习、学会学习，所以还是请大家脚踏实地重视每天的学习，找到适合自己的学习方法。

2. 警钟长鸣，集中精力地学习

有的同学是一时放松了自己，忽视了大学的学习生活，所以这次考试挂科了。在交流中我和你们说，挂科一次不可怕，可怕的是有第2次、第3次……它警醒着我们，不能闯过了千军万马的"独木桥"，而在后面的"大路"上崴了脚。请那些没有挂科的同学也不要骄傲，这次没有挂科不代表今后也不会挂科，如若因自满的情绪，放松了自己，说不定下次挂科的就是你。所以还请所有同学务必保持全神贯注的学习态度。大学不是让各位来"享福"的，是你们学习的关键期，这点同学们可要牢牢记住啊。

3. 明确态度，孤注一掷地学习

在谈话的过程中，我也观察到很多挂科同学是一个寝室的，这就反映了大家平时的学习节奏或某种态度。你们当中肯定出现过这样一种现象，起初在查成绩时发现从没挂科的自己居然在大学挂科了，很紧张、很惶恐，可是给舍友打电话后，发现他也挂了，或许挂的比你还多，所以心理上有了莫名的心安，觉得不是自己一个人在"战斗"。我想说这样的心态、这样的学习态度、这样的现象不该有、不能有、更不可取！作为学生的你们，学习是首要职责，出现了挂科就说明你没有尽职尽责，没有用心学习，至少没有付出全部的努力。对于大家而言，时刻怀着一颗孤注一掷的心思去学习，不要和大众比，要和优秀的学生去比，要向优秀的身边榜样学习。

4. 放下包袱，充满自信地学习

当然了，我也不想看到大家背着包袱去学习，觉得学不好了，对不起这对不起那，没有劲头再去学习。俗话说，"人非圣贤，孰能无过"，只要明白在哪跌倒了在哪爬起来就好，要有信心地学习。大学第一学期挂科了不可怕，可怕的是每学期都出现同样的问题、同样的反思；大学第一学期成绩不满意也不可怕，可怕的是你从此一蹶不振，从此错过的不只是大学第一学期，而是大学四年，错过了奋斗的青春岁月，从而让自己后悔终生。我想你们也不愿意如此，所以请所有同学们要有破釜沉舟的学习决心。

5. 明确目标，追求卓越地学习

做任何事不能盲干，要了解自己，深入地分析自己，思考这样的事或者现象为何会发生？所以我想说，大家不仅要学习，还要学会学习。一定要知道自己在哪些科目上可以少花点时间，哪些科目上要多花些时间，甚至主动频繁地向任课老师、同科目中学的好的同学去请教，不要放过任何不懂的问题。或许你要说，我又不想考研，不想拿什么奖学金，甚至对这个专业没有兴趣，我只是想告诉大家，这些理由都不是理由，因为你是学生，将学习学好，能顺利取得学位、学历是你要尽的本分。请记住我说的，我鼓励大家学习，但没有要求大家去死读书，学了知识丢了文化。

只是想说,你们上大学是为了什么?有想考研的、有想创业的、有想拿到文凭就可以找到工作的等,无论如何,都要从每天的学习和每门考试慢慢去积累,从而实现自己的目标。在学习的这条道路上,请大家不要人云亦云,要不断朝着自己既定的一个个人生目标,追求卓越地去学习!我期待你们的成功!

大家读完这封信,真的要重新审视为什么要来上大学,来上大学的四年应该怎么做,将来毕业了我要做什么?你们只有这样做到了,才可能无悔当初的选择,才可能拥有难忘的大学回忆。

主题　**尊重彼此，拒绝平庸**

寄件人　皓 哥

我用了将近两个月的时间拜读了各位的寒假作业，觉得多数人写得有情有义的，情不自禁地想与各位分享我认为写得比较好的10句话：

1. 在任何一个学校，平庸的大学生是相似的，不平庸的大学生各有各的辉煌，我们不能满足于平庸，应该以更好的方式开始每一天，而不是千篇一律地在每个上午醒来。

2. 狂欢是一群人的孤单，孤单是一个人的狂欢，我会更加地爱自己，爱别人，如果一定要有所改变，那我会选择变得更坚强、更独立、更开阔。

3. 没有高中的压力大了，原本带电脑来学校是学习的，可是上学期是床下玩电脑，上床看手机。

4. 今年的日子会更加努力，一扫上学期懒惰的状态，以一个崭新的自己来开始一段崭新的大学生活。

5.大学的学习,在这里只有你自己想学的时候才会认真地听,认真地学,没有人去逼你,所以我们要对得起自己。

6.我希望在接下来的三年半可以收获满满,无愧于自己来到这里的初心。

7.我为自己的放荡不羁付出了代价,我被这一拳打得半梦半醒。

8.就上学期而言,收获的很少,希望这学期收获的更多。

9.回首上个学期,落下的学业使我犯愁。

10.希望有一个集体宿舍,不再孤独。

这10句话不是我说的,是来自你们同学中的心声(或许来自网络,或许来自一首歌的联想,或许自我切身感悟等等),但不管出自何处,我觉得写出了现实、写出了真心、写出了信心、写出了希望。这10句话也集中体现了我收上来的200多名同学的共同心声——我要改变、我要进步、我要自强、我要学习、我要有出息!

还记得去年最后一个月的年级会我布置的寒假作业,特别要求你们与父母交流并让父母写下评语,我当时就看到了同学们的迥异反应与强烈的反感,或者说吃惊,可我还是顶住压力让大家做了。开学上交作业时我也看到了同学们不同的态度,个别同学没交的我也通过谈话让大家交了。同学们把我给大学生布置的这个作业理解成了不可思议,可你们知道为什么我要坚持这么做吗?

工作时间长了,我会用习惯性的思维去处理工作中的一些事情,但我总是担心自认为比较好的这种工作方式不一定就适合你们,有时我也自我矛盾。在帮你们解决问题时,并没有果断地做出处理。相反是我得先想想,这样说话、这样办事、这样处理等会不会伤害你们、会不会引起你们的反感、会不会抹杀了你们这个年龄该有的那份闯劲,我开始犹豫了。所以我想更加深入全面地了解大家,通过你们写的内容去体会你们的思想、你们的感觉、你们的内心,从而让我不断调整自己的工作思路,以便更好地服务于你们。我最不希望你们嘴上亲切地喊我"皓哥",背后却认为我思想老旧、古板、界限宽等等。我是不愿意服输的人,我更要证明自己是可以做好工作的人,我渴望进步,更期待同学们的理解与包容。

还有一个目的就是想要说明沟通对任何关系群体都很重要。

我很迫切地想让你们在大一就明白这点，纠结了很久不知怎么样才能说得明白些。我最近看了电视剧《二胎时代》，剧中夫妻俩生了二胎之后，以为对大小孩没有什么影响，他们想当然地认为都在一个家庭，曾经也这么照顾过他，可是原本这个家族中唯一被关注的大小孩现在有人来分享这个待遇了，心理落差开始有了，近而表现得更淘气、更自私。后来父母开始意识到问题所在，也刻意地做了一些事、说了一些话来缓和家庭关系。现实生活也是如此，这就告诉我们哪怕是再亲的人、再小的事也不要想当然地去忽视，轻易地用自己的行为方式去与他人相处，我们得考虑对象、考虑角色、考虑环境的变化等。我希望自己和你们在大学生活里可以多沟通些，彼此尊重，融洽地处理很多事情。

　　我让你们与自己的父母分享就是想让你们明白：在成长的路上，不要小看每次与别人沟通。与父母的沟通便是个开始，它反映了你的成长、你的进步。这会让父母感觉到你到了大学之后不一样了，长大懂事了，即使在学习生活中出现意见分歧时，他们不会粗暴地批评你们，而是会慢慢地选择谈心、讲道理，改变交流方式，可别小看了这点，它会让彼此学会担当、学会理解、学会尊重。有了这样的一种习惯，如果你在成长的道路上出现了懈急、迷茫、挫折，你首先会想到家人与朋友，进而你会发现，沟通无论是对于家人、同学、同事、还是朋友，都极其重要。

我也看到了各位家长或多或少的在上面留下了评语，有的说你们上了大学有变化，希望再接再厉；有的说家里好久没有这么谈话了，父母感到很欣慰；有的则希望你们在大学的关键四年，一定要把学习学好等等。同学们也看到了各自的父母评语，也一定有所触动吧。

我想说，其实同学们什么都知道，但知道的还不够全面；什么都懂，但懂得还不够深刻，所以我们得从沟通中获取更多的知识。我也知道，每位同学都想得到自己所想，但请你们一定要记住想要和得到中间还有一个就是做到！希望大家在今后的学习道路上，怀揣自己的梦想，在父母与老师的期盼下"做到"你们该做的一切！

主 题　**不畏艰难，积极向阳**

寄件人　皓　哥

六月的校园有大四学生即将完成本科学历的喜悦之情和对桃李芬芳的憧憬，又有老师送别在这里成长了四年的学子的依依不舍之情和牵挂期盼的情怀。

九月的校园则到处充满了节日的氛围，因为有很多来自祖国各地的莘莘学子相聚于此，显得校园生机盎然，朝气蓬勃。悲欢离合总在生活中不断地重演，但对于校园，对于你我，却总在相同的岁月不期而遇，让我感慨万千！

大一即将结束，你们适应了在这里的生活了吗？适应了大学的学习节奏了吗？适应了大学生角色的转变了吗？以前我认为答案无非就两种：适应或不适应。但如今看来，还有第三个答案：不知道、没感觉、说不上来等。我想说，当你们用心观察过六月的校园变化后，应该会有很多触动，这些感触对你们角色定位有着积极的影响。

近一段时间以来,校园里到处都是学生拍毕业照的情景,他们选择了在校门口、学院教学楼前、图书馆、教室、食堂、操场、宿舍拍照留念。也许他们还在怀念坐满同学的阶梯教室、热闹的教学楼、下课挤过的楼道、熬过夜的期末、吃到腻的食堂。拍照的人不是一个两个,是一批又一批。不曾想,四年前,他们和你们是一样的,从迷茫走到了今天的成熟。四年后,他们选择拍照的地方或许都是你们不太满意、不太想去的地方,可现在却是你们学长学姐想要留恋的场景,那这又是何故呢?

你们在这里生活了两个学期,可以说这里的气候条件、温度变化、哪里的饭菜物美价廉、哪里的风景最宜人等你们差不多都清楚了,也就是这里的生活环境包含衣、食、住、行等方面你们也都熟悉了。从这点来讲,你们应该适应大学生活了,或许你们会抱怨,哪哪不好、哪哪不对、哪哪不舒服,你们心目中的"那个地方"就事事如人意?我想不一定吧,因为你不曾在那生活过。再看看现在的学长学姐拍照情景,说明一点,他们还是爱这里的,因为他们毕竟在这里生活了四年、学习了四年、奋斗了四年!你们与其四年后去怀念大学,不如从现在开始,本着理解、宽容的心态去接纳、尊敬师长，爱护校园与教室，打理好宿舍处理好人际关系，让自己在大学生活得开心些，因为只有"安居"才能"乐学"嘛。所以我想说：我们得热爱自己的大学。

六月份，校园另一个更多的场景就是打印店里到处有学生排队打印论文，教学楼内办公室到处都是学生找指导老师答疑、答辩的场景，这些你们也必然会经历。在这些人中，肯定有不想学习、不想学这专业、考试不理想的人，但他们通过悔悟、亡羊补牢来弥补之前的过错，最后的忙碌也意味着收获，只是多与少的区别罢了。不知你们看到此景有没有联想到，自己写论文？想过学习目标么？还记得前段时间让你们报名参加大创项目，其实学校每天的学习内容与活动安排，都是在为你们打好学习、做人、做事的基础。培养的过程也许是枯燥无味的，甚至在你们看来还有些痛苦，但无论如何你们要去尝试、经历。大学是学生走上社会之前的历练场所，请抓住机会，锻炼自己，是每个大学生都应该具有的基本意识。每个学生首先需要知道自己的长处与缺点，然后为自己制定目标，并为之付出心血，这样终会有所收获。选择的目标不一定是最好的，但一定是最适合自己的，并且定好了目标就必须朝着它前进；成功不是你等来的，而是从你下功夫去做的那一刻就开始了！也许大学生活现在看来很枯燥、很厌烦，但是当你即将告别这段生活的时候，你会发现它的珍贵之处。希望大家珍惜大学时光，好好学习专业知识，不断地用知识充实自己，多做一点有用的事，不要虚度了时间，挥霍了青春！同学们，要积极参与和珍惜大学四年里每次锻炼的机会，而不是去抱怨和逃避，多点积极的态度去面对，好习惯养成了，一切就都好了。所以我想说：我们应感恩母校。

学长们的毕业预演着你们四年后的收获，也意味着你们四年后将从校园走入社会展开新的生活篇章。近来或许你们也感受到了是毕业季，又或许是高考的季节。我也发现你们在个人状态中有发自己中学的照片，有的发了高中的照片，还用了一段深情的语言去描述，但都有同样的一句话——这是我的母校！这点很好。当你们步入社会各自拼搏事业的时候，不管你们走得有多远，有多高，多精彩，请你们也能想起曾经的大学，就如同今天的你们回想初中、高中一样，能自豪地和别人说，这就是我的母校。所以我想说：我们还得眷恋大学。

热爱、感恩、眷恋源自本心，更源自每个人曾经奋斗、难忘、艰苦执着的岁月。也许有的人希望既不费力又不劳心，就能轻轻松松把自己变成一个更好的人，但人的一生就如登山，不去挑战，就无法看到更好的风景。人生所有往上的路，都与我们本能的懒惰、懈怠和拖延不相容。当你觉得很苦很累时，千万不要泄气，因为你可能正在走上坡路。请相信，正是因为那些努力、付出和坚持，才成就了那个不断变得更好的自己。你的时间花在哪儿，人生的花就开在哪儿，时间从不会偏袒任何人，它给每个人的一天都是 24 小时。"盛年不重来，一日难再晨。及时当勉励，岁月不待人。"拉开人与人之间差距的，正是对待时间的态度。你浪费时间，时间会忽略你；你重视时间，时间也会正视你。有的同学会觉得在大学已经很努力了，但获得的却和不努力的人差不多。《精进》里有这么一句话"人不要被短时及时的反馈所迷惑。要忍受得了一时半会没有收获，忍受长半衰期。"那些拼命学过的课、学到的知识，甚至在这之中淬炼出来的坚强、毅力，都会在人生未来的某个时刻发光。回头再读读我写的，再体会琢磨是不是这么回事。

　　时逢期末考试，我希望大家能认真备考，自信迎考，诚信考试！

　　最后也祝愿各位同学明天四六级考试如意！

主 题　**严于律己，甜以待人**

寄件人　皓 哥

  让同学们暑假要学好、玩好，还让大家读书与实践，我对你们要求如此，自己也是这么做的。假期我一边工作，一边读书，另外还备了课，写了点材料，也出去玩了几天，感觉很充实。这封信主要想和大家分享《与爱同行，为青春导航》这本书的读后感。

  这是一本关于我校各辅导员老师的学生工作事例集，我主要是想学习一下身边同事好的工作方法，同时了解其他专业学生的日常，从而丰富一下自己的工作经验和处事思路，看完后收获颇丰。借此与大家分享自己的心得，目的是拉近我们师生的距离，让大家能更多地理解与支持辅导员老师以及其他老师的工作，从而让大家进一步明白每一位老师的良苦用心与煞费苦心。

  345千字的书，汇集了我校50多位同仁们的98篇日常工作事例。看完后真心觉得能把同学们培育好、关心好、照顾好、辅导好,很不容易,能做到让大家理解和满意那就更不易!我不是随便这么说的,这是我看了这本书后发自内心的感叹,我的同事们所叙说的一个个事例,可以说包括了大学生活的方方面面,也真切地反映出了大学生的点点滴滴,其中的酸甜苦辣也只有经历的人才知道,当然这里也少不了同学们的各种"滋味"。

在同学们的学习生涯中,以往的学习受父母约束,高中关键时刻有老师的严格要求,更有父母的督促,各位才一路披荆斩棘来到大学。也许你们当初的争气是为了逃离父母管教,实现自由自在的大学生活。殊不知当你们真正来到了大学,经过一个学年的学习,发现原来大学的学习任务依然繁重,更有辅导员天天对你们的学习生活各个方面提要求,当你们做不好或做不到时还会像从前那样被约谈,你们把之前经历的所有情绪和不全面的认知全部转移到了辅导员身上。我相信当你们毕业走向社会,一定会感慨幸亏在大学里有辅导员常在耳边教导。我今天也只是想让大家通过我的读后感来更多地了解辅导员,支持辅导员工作。

1. 真心相待，源于细节

　　大家根据自身的经历就能想到我们辅导员一天的生活，事无巨细且亲力亲为，从细节中发现辅导员是真心与大家相处的。刚工作的辅导员老师们可能年龄上并不比大家年长多少，但却能细致入微地照顾各位的学习及生活，可谓是亦师亦友，彰显成熟与稳重。有的同事用了"打开心窗，让爱伴你成长""你，不是坏孩子""你的健康是我们的牵挂""用心关爱，耐心陪伴"等温馨的话语来和同学们谈心，还有的同事在处理一些问题时，为了同学们放松，考虑到了让学生坐办公桌位，自己反而坐到对面。还有的同事在找同学们谈话时为了让大家放松心态，减少心理压力，就按同学们的名字字母顺序来谈话等等，可谓细致入微、体贴周到，不知同学们可曾体会过！不知同学们能否在对待自己的事、自己的朋友、自己的未来也能如此真心，逐步考虑周全呢？

2. 真情相处，源于关爱

　　看了这本书，我发现在我的同事们心目中，你们都是好学生！

所以当大家出现厌学与逃学情绪时、当大家在生活上出现矛盾与纠结时、当大家身心健康上出现问题与威胁时，辅导员老师们都能悉心加以辅导与培育、谈心与调解、照顾与安慰。这期间同学们或许不理解或许发生争执，但最终都被老师的真诚与执着一一打动。想想你们每次打电话咨询，遇到困难与问题时，是不是如此？可大家不知道，令我感动的是，从书中我看到了我的同事们不仅仅局限于处理事情，工作之余，他们总是在反思下次如何做得更好些，如何避免这类事情再发生，在处理事情过程中自己还有没有做得不到位的等等！我看了真是感动不已，不知如何形容才好，不禁又给自己增加了不少正能量。不知同学们看了听了后是否有同感？不知同学们是否能养成一种对自己言行及做的事经常反思的习惯呢！

3. 真知相辅，源于担当

从书中我还发现了我的同事们经历与处理过的事情内容之多、涉及面之广，辐射领域无所不及，诸如学习方面、人际关系处理方面、公寓管理方面、纠纷与矛盾方面、感情方面、学生家庭方面、安全事故处理方面、生病住院与病情常识方面、身心健康方面、交通与违法违纪常识等，不禁感叹辅导员工作需要面面俱到，没有真知绝不能理顺相关事情的处理程序，没有一定的担当早就不堪重负。我讲的是不是实情，有没有夸张，相信同学们心里应该是十分清楚的，但要做到能真知真会，这背后是辅导员老师不断学习、不断积累、不断从工作实际当中再学习的过程。不知同学们可曾想过其实学习与再学习的过程对于任何人都是需要的呢，尤其对你们而言！

　　大家要明白，老师写这些，不是自夸，也不是想表达辅导员老师有多么得辛苦。其实这就是老师的本职工作，对你们负责与付出也是我们该做的。你们都是大学生了，应该明白任何行业与职业都不易，都辛苦，区别就在于看一个人在行业与岗位上是不是"心甘情愿"地付出罢了。正如书中我的同事写了"放下自己，重获学生心""只有动其心，才能动其行"，同学们处在当今的年龄对于学习和生活有时觉得"痛苦"或者说有些"淘气"，这或许就类似于职业倦怠吧，你们现在的职业就是学生，工作内容就是学习，不学习你认为合适吗？其实工作的人都不轻松，就比如辅导员老师、各位的父母、亲人、班主任、教学秘书老师、任课老师等大家都是负重前行。

我还想让同学们明白,老师对学生都是真心、真情、真诚的,对你们付出、用心也是一种幸福。但同学们也要对自己负责,在大学学习中,不断增长知识的同时也要提高自身的文化修养。所以我还希望同学们能征服自己,理解他人,懂得规矩,用心体会与感知。

大学有你们才精彩,我有你们也感到幸福。我愿和你们一起努力,完成你们预定的大学目标,做个会思考、有涵养、有责任、有作为的新时代大学生。

主 题　**不忘初心，砥砺前行**

寄件人　皓 哥

各位同学大家好！一学年以来，写了这么多封信不知大家有没有嫌我烦，但这次不一样了，因为你们将经历一次专业类分流，可能因为你们的选择或者我的分工，我不再是你们的辅导员，我和你们相处这么久还是有些不舍、有些放不下、有些伤感。

在大一年级，我为了培养你们良好的学习、生活习惯，倾注了很多精力，所以我想说，不管是谁成为你们的新辅导员，希望大家能在大二年级继续严格要求自己，砥砺前行。不管你们在哪个专业，都是我们学院的学生，我都会关心、关注着你们，请你们放心，我不会改变自己，也请你们不要逐渐疏远我，让我们彼此相望，携手共进。如习总书记说的那样"不忘初心，继续前进"！

知道大家近来过得很不好，用忐忑不安、七上八下、寝食难安等来形容一点也不过分，我又何尝不是呢，每次到了这个节点，我比你们还忧虑,因为你们想的只是眼前,我担心是你们的未来。但说不定过了十天半个月后你们日子又好过了,用什么词来形容呢,往好听了说,是人总要向着有阳光有快乐的方向去生活,相反则说明了你们总是习惯在选择无果时郁闷,却从不总结为什么在选择前不好好拼一回。这样的习惯可以有,但不能经常有。

我相信大家能明白我讲的意思,因为在我给大家的第七封信中我说得已经很明白了,对于这次分专业各位的心情我能理解。这次我想表达的观点是:面对现实,调整自己,努力充实余下的三年大学生活!

作为大学生的你,面对即将到来的第一个暑假,不知你们计划好了没有?对此,我想和大家分享一下我的一些想法。

暑假对于一个学生身份的人来说是非常开心的,连续休息近两个月,这段时间对于一名大学生来说该怎么过呢。

凡事预则立,不预则废,故而暑假计划即重中之重,唯有在计划的桥梁上不断奔跑,才能抵达成功的彼岸,快乐假期,早做打算,长计划,短安排,合理计划。我觉得大家可以在这个时间段读一两本书,然后写一篇读后感,好好地读书,提高人生修养。三毛曾说:"读书多了,容颜自然改变。许多时候,自己可能以为许多看过的书籍都成过眼烟云,不复记忆,其实它们仍是潜在的。在气质里,在谈吐上,在胸襟的无涯,当然也可能显露在生活和文字中。"慢慢你会发现人生中大部分的烦恼,都是因为读书太少,想得太多。我不推荐具体的书名,这个大家可以自己决定,可以根据自己的爱好去选择,但你们选择的书要有折射人生哲理、人生感悟、成长历程之类的。大家不仅要读,还要写下自己的感悟,这对于一个人成长来说十分重要。特别是对于大学生的你们,正处于人生观、社会观、价值观的树立期,需要不断汲取知识涵养,增加理论修养。

我觉得大家还可以在这个时间段把大一年级学得不好的科目或者专业主干课程复习一遍。这两天从表面上看,大家是在纠结选择什么样的专业,这个绩点排名适合选什么样的专业,可在我和相当一部分同学谈话时发现,你们在选择专业的同时还考虑到了这个专业将要学什么课程,这点很好,说明大家真的在思考了。经过谈话,我发现大家认为数学、C语言难。我想反问:难,大家可以不学吗?这个专业你不选又能选什么呢?不如面对现实,好好利用暑假时间将那些认为学得比较难的课程再重新学一遍,多学多做。当现实不可改变时我想告诉大家的是:"兴趣"与"认知"有时在一定的特殊背景和环境下,是可以慢慢培养和重塑起来的。这就是我前面所说,既不想看到大家现在很不快乐,又不希望等放了假后各位又全然不顾地过着无忧无虑的生活,因为你们还得回归现实,还有三年的学业没有完成,希望大家用一些时间将大一没有学好的课程再好好复习一遍。

我们在大学期间最重要的除了好好完成学业以外,确实还应该多考一些如英语四六级、计算机证书,同学们可以利用暑期充分去准备。以四六级为例,在准备四六级考试的时候,真题试卷一定要多练习、多做,每日计划背30个英文单词,增加词汇量。英语听力在四六级考试中也有很大的占比,这个时候必须要加强英语听力的练习,这样就能够更全面地学习英语,提升整体的分数。阅读理解的占比是最多的,而且题量也是最大的,因此,提升阅读理解的做题速度也是帮助自己涨分数的关键。在暑假可以提前学习一波,到考试的时候就不会慌张!

同学们来自五湖四海,暑假难得在家,希望你们珍惜陪伴家人的时光,多陪伴身边的亲人。大学四年后,陪伴家人的时间只会变得更少,珍惜当下,多和家人聊聊天吧,他们对你一学期在学校里的经历和生活一定很感兴趣。多陪爷爷奶奶唠唠嗑,有空给弟弟妹妹辅导作业，多洗一次碗，多扫一次地，多一点理解，少一声抱怨，少一次任性……陪伴是最长情的告白，也是最暖心的爱意，家人的陪伴就是最简单的幸福。

运动，在心理上可以陶冶情操，保持健康的心态，充分发挥个体的积极性、创造性和主动性；在身体上有利于人体骨骼、肌肉的生长，有利于人体的生长发育，提高抗病免疫能力。我觉得大家还可以利用这段时间将暑期社会实践扎实开展一次，并形成较好的实践报告。请注意我所说的是社会实践，作为大一年级的你们，可以先从实践慢慢开始。"教学做合一"是我们的校训，作为"陶子"的你们在任何时候都应该要想着学以致用。暑假在读书、学习的同时，认真踏实地开展好社会实践活动，不要虚于形式，不要淡漠这个过程。如果你们能很好地坚持，这对你们学习有促进作用，也一定会发现，还有很多知识需要去学。

希望大家能理解我的用心，过个快乐而有意义的暑假，预祝大家假期愉快，健康，我们开学见！

大二篇

主 题　**沟通交流，和谐共处**

寄件人　皓　哥

  在你们大一年级我写过一封信是关于暑期我读《与爱同行，为青春导航》这本书的感受，我注意到书中 98 篇事例中居然有 21 篇提到关于"大学生宿舍"的话题。我记得一位同事写了这样一段话："据统计，大学生在寝室中的活动时间除去睡眠，每天仍有 5.72 小时，在大学生的生活中，学习环境中居于首位，其寝室成员间相互交往与接触的频繁程度是高校其他场所无法相比的"。可见舍友和宿舍对大家来说是有多么的重要，对老师来说又是有多么的关切。那么这封信我就来说说这类话题。

  也许你们没有想到，其实在大学四年学习生活中，在宿舍和舍友在一起的时间算起来是最多的，人与人相处的时间长了，接触的机会多了，发生矛盾与问题的可能性也就大了。从这点来看，在宿舍引起的矛盾多了些也很正常，关键是大家该如何去面对处理。

一直以来，当同学们遇到宿舍问题后，你们第一个想要老师解决的方案就是换个宿舍！说到这儿大家不妨想想，你们初来乍到因为缘分被安排在一个宿舍，成为舍友，成为朋友，朝夕相处。单凭这点来说今后能不能慎提"帮我换个宿舍吧"这样的要求呢？在我看来，任它宿舍问题千百种，根本原因都是交流少、感情浅、唯自己、缺认知。

同学们可曾想过，你们当初来到学校，第一天晚上睡在宿舍是什么场景？再想想你们来到大学，谁也不认识谁，是不是通过以宿舍为单位（集体）认识彼此的？最初在自己不舒服或遇到麻烦时，你脑海里是不是第一个想的就是舍友？那么，为什么时间一长就会有些矛盾、有些意见、有些郁闷了呢？这是因为你慢慢地开始适应了学校和宿舍的生活，逐渐将这里的生活环境适应了，基本生存开始有保证了，近而大家开始有选择了。从班级的活动、性格原因、生活习惯等因素你们会选择在生存的基础上更好地享有生活，在这个转变的过程中，一个宿舍的同学也会因为某些习惯、性格、兴趣爱好、作息时间、价值观念等慢慢地产生了距离，当这个距离到了一定程度后，自然会产生矛盾。宿舍是共同生活学习的地方，相处久了有些矛盾，实属正常。此时，同学们应该怎么做呢？我认为大家要勇于面对、正视问题、积极沟通、建立友情，这样什么样的问题都可以大事化小，小事化了。大家一定有过这种感觉：只要是自己的闺蜜，哪怕别人说其自私、不好、人品差，你只要听了都会为其说这人就心直口快，其实人真的很好，或许还会提醒闺蜜以后要改改自己的脾气。但相反，如果你在遇到困难时，一位不喜欢的人真的在用心地关心你，你也会觉得对方虚情假意。其实这反映了人的一种心理认知、自我认知、自我暗示，可我要说的是舍友并不是"非友即敌"的关系。我渴望的是同学们要有对待闺蜜一样的真诚去面对你们的舍友；要有包容闺蜜一样的胸襟去接纳你们的舍友；要有依恋闺蜜一样的情怀去融入你们的宿舍。也就是说同学们可以和舍友之间多多沟通，不断增加了解，从内心深处去正视舍友之间的关系和情感。

人与人之间的关系处理好了，那么针对宿舍的问题还有一个就是：从省身、慎思中不断完善自己，从而认知宿舍不仅仅是睡觉的地方，还是你们的"家"，而舍友就是陪伴你完成大学学习的"亲人"。家不仅仅是睡觉的地方，家里有亲人、有亲情、有关爱、有温暖。同学们只要想着宿舍就是自己的家，宿舍的卫生就不会用得过且过的方式去处理了,肯定会用心去打扫去维护。舍友就是家庭中的一员,会有误解但不会一直存在,肯定会等大家心平气和把话说开;会有争执但不会破坏和气,肯定会回归事情本身去解决;会有评判但不会伤害感情,肯定会反思自己是不是也有不对的地方等。不仅如此,同学们要想到家还有一个特点就是:家人之间是彼此了解互敬的,当对方不开心时会尽量想办法哄对方开心,忍让着对方;当对方有困惑时一定会用心开导;当对方有过分的言行时一定会友善制止等。同学们若能如此想,那么所有的问题都不是问题了。

  前段时间,有的同学们为了申请两人间宿舍到办公室来了很多次,而且不仅是我们一个学院,其他兄弟学院也有此现象,进而各家不得不出台一些申请两人间宿舍的政策,前几年是没有人主动申请的,现在反倒申请的人多了。困惑之余我也反思了很久,现在的你们到底想要什么样的宿舍生活?如今的你们可能不太喜欢"大集体的生活",长此以往并不好,各位的人际交往能力、适应的能力、自我调节的能力都会受到影响,集体归属感也会越来越淡薄,今后走上工作岗位也会受到影响。我希望你们把宿舍作为真正的第二课堂去学习、去感受、去体会,你们一定会收获得更多。

时间会过得很快,你们还未来得及细细体会大学生活,一眨眼的工夫就会感觉自己到大四了,甚至毕业了。到那时你回忆最多最难忘的大学生活和朋友一定会有宿舍和舍友。与其那时简单一笑说自己当时还小、不懂事,不如现在好好珍惜和舍友的每一天生活,记得有话就说出来,有事就相互照应着,有烦恼了就相互倾诉,有问题了和气解决。对了!你们别忘了还有我呢,凡事和我多说说,我们商量着来!

主　题　　健康生活，自制自律

寄件人　　皓　哥

　　夜深了，有人熬夜苦读，有人熬夜抢单，而我作为一位"大叔"，很认真地修改了这封信的最后一稿，然后淡定地睡去，即使数次醒来也只是给身边生病的儿子盖个被子，好像外面喧嚣的世界离我那么的遥远……

　　写完上一封信后，我就在思考：这封信对大家起到了作用吗？同学们又是怎么看待的呢？于是我抽空开始找一些同学来了解情况，也到宿舍进行了走访。猛然发现在宿舍和舍友之间还有一个重要的话题也应该说说，那就是亲如一家人的舍友在宿舍这个大家庭应该过什么样的生活呢？通过我的些许工作经验，和你们学长学姐的交流，以及所见所闻等，我发表以下几点意见，供大家参考。

1. 生活要有自制，健康安全为首

每每去你们宿舍，我总能发现个别同学在玩游戏痴迷到都不知道我的进入与离去，大家知道我当时内心是多么凄凉吗？我总能发现同学们随意把吃过的饭盒、水果放在桌上或宿舍门外，天热了还有些味道，你们能感受到我当时的心情吗？我也会发现你们时常把门窗紧闭，导致空气不流通，宿舍里弥漫着奇怪的味道，我甚至不敢长时间停留。我还发现有的宿舍把拖线板拉的到处都是，或为了方便直接就放在了床上，你们知道这有多危险吗？有的宿舍甚至一个人也没有但大门小门都敞开着。

昨晚的网络购物节，很多人都在买、买、买！不知你是不是购买大军中的一员？我同样也发现一个宿舍有人在看书，在电脑上编程，还有的在图书馆看书。大学时代的你们，宿舍生活原本就是缤纷多彩的，可以在课余之时尽情生活，也可以率性而为，毕竟要劳逸结合嘛，但请同学们玩游戏时适可而止，不沉迷其中，早睡早起。在宿舍安排好值日表，定期大扫除，经常通风换气，注意宿舍卫生整洁，垃圾及时清理。特别是现在，天越来越冷了，大家一定不能私拉电线，乱接、乱用大功率电器，注意防火防电，不管你是不是最后一个离开宿舍，都记得随时关门，不要想着后面可能还会有人。"熬夜抢单"的生活你们可以有，前提是问自己缺什么？要什么？是不是非买不可？健康＋自制＋安全的生活要从每天做起。

2. 为人重情重义，法规校纪在前

进入个别宿舍时，我发现在门口、卫生间、热水炉子水漏下面有少许烟头，因为属于公共区域，大家都说不知道或是说别人扔来的，我选择相信你们，因为你们是我的学生。其实时间久了，我能察觉哪些同学会抽烟。我还发现当你们玩游戏时，即便我勒令停止，你们还是不舍得中断，甚至手不离鼠标，眼不离屏幕，用你们的话讲，"在游戏的时间段，团队的生死比什么都重要"。你们可知道当时我有多么得生气？不！应该说是有多么得愤怒！

同学们为了所谓的"兄弟情谊"与"团队精神"，放弃了对老师起码的尊敬和对其他舍友的尊重。你们也有所谓帮舍友们去"撑场子"、做"帮手"，最后"全军覆没"。这样的例子不是没有。我想说的是，同学们为人重情重义是好的，老师很赞同，但"重"要在恰当的事情上用适当的方式,"重"的原则是以坚守法律法规为原则,以遵守学校的校纪校规为前提的。希望同学们做什么事情都要三思而后行,不要"义无反顾"地只讲兄弟义气,等事后说自己不知道,当时太冲动,到那时又有什么用呢?

3. 做事有礼有节,文明自律为本

我了解到有的人在宿舍玩游戏不仅玩到很晚,还不关声音,只顾自己快乐不顾他人感受;有的人早起,动作声音特别大直接影响了别人休息;有的人找同伴来宿舍聊天,有说有笑,不顾时间长短。我举的例子都算不上大事,但放到一个宿舍就是一个问题,因为影响了大家。我相信大多数同学是因为个人的生活习惯而非本意为之,以前没有人说大家可能还没有意识到,这封信我说了,希望大家能有则改之,无则加勉。其实只要同学们能够做到说话做事心中有他人,即便有特殊情况,也要尽量做到轻声轻语,轻拿轻放,做到自觉。只要大家稍做改变,有礼有节,你们会感受到彼此的温暖。

最近去宿舍,我发现咱们的同学见了我开始主动说"老师好",部分同学也会暂停游戏和我说话了。原本想找我换宿舍的经过我们沟通,近一个月也没再提起。夜间同学们生病了,大家总能相互照应或陪同去医院等,我看到了大家的努力、进步与改变,因为你们把我的话或多或少地听进去了,关键还尝试着去做了,老师很高兴,谢谢同学们的配合与理解,希望继续保持。

  大学四年学的不仅仅是文化知识,还有很多为人处事与修养的习惯养成。同学们眼光要放长远些,今天你们是学生,明天你们就是社会人了;今天是与舍友相处,明天就是与同事、朋友相处了。如果同学们意识到我讲得还有几分道理,我坚信随着大家年龄的增长也一定会认为我说的是对的,你们能坚持慢慢去改变并做到,这些一定会有助于你们事业的发展,也一定会让你"高人一等"!

主 题　**改造宿舍文化，营造学习氛围**

寄件人　皓 哥

　　近一个月在举办大学生宿舍文化节、"一床多卡"宿舍形象典型树立活动、公寓安全教育活动等，使得同学们的公寓生活格外丰富，活动的开展引来了同学们的热议。

　　有的同学表示宿舍卫生搞好了，自己住得也舒服，活动是件好事且有意义；有的同学表示给大家增加了负担，认为宿舍的事情并不重要，还整这么多事来。新生宿舍文化节涉及的只是新生，有的新生感慨怎么总是我们大一学生的事多呢。部分学生党员、学生干部则认为要求更多了、压力更大了。我还发现，部分没有参与进来的学生表示很"庆幸"，他们的理由是曾经参与过。

　　首先，老师表示对大家的理解，毕竟活动的本身或多或少地影响了大家原有的生活节奏；其次呢，本学期我连续写了几封关于公寓和舍友话题的信，无非是想让同学们意识到宿舍生活的重要性，还有就是让同学们要对宿舍和舍友有"归属感"。在我校分类招生和分流培养的人才培养模式下，我觉得这点显得尤为重要，借此机会也想和同学们分享一下我的观点。

1. 转变思维方式，真心接纳现在的一切

上高中的时候，我的老师就曾讲，大学生活是浪漫的，学习没人管，每月有生活费很自在，还可以谈谈恋爱。当时我就对大学生活无限憧憬。但今天回过头来再看看曾经的大学生活，觉得还是有一些遗憾的，这封信也包含我自己在成长过程中的认知变化，希望同学们不要重复我当年的一些无知。同学们在高中时代也一定听老师们说过大学生活是多么宽松和美好。相信同学们曾几何时也一定憧憬着大学的学习和生活以及所谓没有人管的"逍遥模式"。

大家来到大学后却发现和想象的不一样，学习有人管，生活也有人管，心理落差就有了，这种落差不仅你们有，我曾经也有过。同学们还有可能因为这件事，产生对学校的不满等，那么问题在哪呢？活动就不应该开展，就不应该有要求和规范？答案显

然不是。其实都是因为现阶段你们的思维方式还不够成熟，在交流沟通、自我管理、自我约束方面的能力还欠缺，所以我们在大学开展的一切活动都是为了使大家汲取各类知识，从而让同学们不断成熟起来，不断提高同学们的自我适应和自我调节的能力，这些都是你们未来竞争的潜在能力。我希望同学们第一步先转变一下思维方式，真心去接纳现在的一切。

2. 重新定位认知，认清公寓生活的意义

重新定位大学公寓生活的意义。大家不要再狭隘地认为只要把学习学好就行了，家长也就开心了，老师也就开心了，其他都不那么重要了。我们不可否认学习对同学们来说是重要的评价指标，但到了大学之后，我们要求的不仅仅是学习，反过来说，你们要学的也不仅仅是书本知识。在大学，你们还要学习与人沟通的能力、为人处事的能力、面对挫折的能力、团结协作的能力、自我生活的能力等。公寓生活恰恰弥补了书本知识以外的学习内容，请注意，我用的是"学习内容"哦。宿舍文明创建，可不要简单地理解为打扫卫生，当然这么理解的人只是认识到把宿舍卫

生打扫干净就行，不想其他。如果认识得再深刻点的同学，应该会想到宿舍文明该怎么创建，大家坐下来讨论方案，诸如购买装饰设施、格局布置、颜色选择、打扫卫生的工具的选择、分配值日的任务和安排进度表等，对于个体来说，每天有打扫任务了，是不是在值日当天要提前起床，提前规划好个人作息时间？如若哪位同学当天遇到困难了，是不是要和舍友协调商量？这时就需要和舍友们沟通了，所以同学们只要认识得再深刻点，就不会简单地认为宿舍文明创建就是打扫卫生，从中可以锻炼大家很多能力。对于集体来说，外出购买设备是不是要和别人讨价还价？在商量怎么布置时，是不是要和舍友协调解决和合理规划布局？无形之间给同学们增加了沟通的机会，提供了舍友间团结协作的机会、接触社会的机会等等！

3. 树立榜样力量，共育积极的学习氛围

对于曾经经历过和正在参与的同学们，你们要明白生活永远是由自己去主宰的，不可能有人替你生活，所以不要认为做好公寓卫生员是为了一次评比、一次检查，是做给别人看的。我们做

这些，无非是想培养大家一种良好的学习氛围和生活习惯，高年级给低年级做表率，学生党员与学生干部为普通学生做模范，以自己的实际行动去影响身边的人、去改变身边的人、去带动身边的人。从个人内务到学习，慢慢形成你追我赶的良性竞争氛围，长此以往，成长的可是自己，收获的也是自己哦。持之以恒，大家也一定会发现每个人的精神面貌都会不一样，环境不一样，学习的氛围也会随之改变。

我想宿舍肯定有同学对此事就是不理解、不支持，有的同学懒于对待，认为自己的生活挺好，旁观的同学也认为过得舒服、自由。这样的人往往是对自己要求不严、自律不强的人，我们没有必要过多去关注，因为对于一个人的成长来说需要各种各样的正能量来补给，才会成长得快。我想说的是，同学们无论是面对今天的学习生活，还是面对未来的工作生活，都不要羡慕这样所谓"崇尚自由主义的人"，请记住：如果在奋斗的年龄不努力，只图安逸，那么定到了安逸的年龄必定会为无力奋斗而后悔不已！

主 题　　**我觉得……没有意义**

寄件人　　皓　哥

　　老师，我觉得这门课程没有意义……

　　老师，我觉得这个晨跑没有意义……

　　老师，我觉得这个报告没有意义……

　　老师，我觉得这个讲座没有意义……

　　老师，我觉得这个活动没有意义……

　　老师，我觉得这个规定没有意义……

　　老师……

　　一段时间以来，我被同学们一句"我觉得……没有意义"给深深地打击了，我也和你们一样感受到自我的工作被全盘否定，猛然间听到这些"没有意义"时，我的第一感觉就是自己的工作角色、工作内容也似乎"没有意义"了……

　　同学们或许并没有这么想，只是这段时间大家一直在努力，感觉很疲惫，所以你们才有此感悟。其实你们也可以尝试换位思考一下，我一直和你们在一起，一起努力，被你们给否定了，于我而言，情感上也出现了莫大的伤感。可谁让我是你们的"皓哥"呢，我尝试从低落的情绪中走出来，工作习惯促使我开始自我反省：哪里做得不对？哪里做得不好？哪里让你们不满意了……

在这期间，正好你们2011级、2015级的学长给我打来电话，问我现在工作怎么样？新的办公条件如何？现在的学生还好不好开展工作？学院现在发展得如何如何……这通电话，让我备感喜悦。我和他们说了很多关于学校、学院和你们的事情，也特别说了我的近期工作，把我现在的处境和困惑与他们交流，他们不约而同和我说了一句话："皓哥，你可以尝试不要管那么多，学生上课以外没有任何活动，让他们睡到自然醒，游戏打到'手残眼残'，那样你会感觉一切还是那么的美好，你再看看他们的大学生活，让学弟学妹们自己比较。"也正是这么一句话，让我精神又重新抖擞起来。

在这里，我想和同学们说一个真人真事。我工作中有个习惯，开学报到当天，我会特别留意外省的学生，只要是从外省来的学生，我都会多留意他们是怎么来报到的、家里情况和学习基础等。

在这里，我认识了学生 A，他是提前来的，给我的印象十分成熟、懂事。他不仅仅自己来报到，还主动找到了我，问我有什么事情是他可以帮忙的。这样的学生，很快得到了老师、学长的认可，以至于他的同学都以为他是学长。可是正常的大学学习生活开始后，不知是什么缘故，他的表现可以说是一天不如一天，以致后面旷课有他、挂科有他、其他不好的方面也有他。我和他交谈了很多次，或许想到开学时他成熟的表现，我一直在照顾着他的情绪，希望他好，希望他能够转变。但这一照顾就到了大三，那年暑假他去实习工作了，也是自那以后，他整个人的状态发生了很大变化，所谓"亡羊补牢"，他真的拼命去追赶。学习的同时，加紧重修之前的挂科科目，弥补之前过失，由于之前欠得太多，他到最后也就只是勉强毕业。他毕业时对我说："对不起，皓哥。那时觉得大学生活没有意义，上课没有意义、活动没有意义、学习没有意义，没有意义让我对一切都'不在乎'，等到再去'在乎'时，才发现已经晚了，让老师失望了。直到今天我才感觉到，大学四年多么好、多么快，如果学弟学妹们学习不下去，认为学习很累的话，建议他们出去'工作'一段时间，那样皓哥你的工作会好做些，说的话也会让学生产生共鸣。我之前太任性了，不过放心，以后工作了，我会努力的。"听到他的话，我很高兴，感觉他真的成熟了、长大了。

再说一件事，也是发生在我曾经带的一届学生身上。那年她凭借自己优异的成绩应聘到一家单位工作，起初和我联系时反馈工作还是很有意思的，尤其经济上的独立让她感到生活十分幸福。可是好景不长，一段时间后，她再和我联系时，居然因为和一个办公室同事关系不好而想着要去辞职。当时我很不理解，不过后来我在网上看到一段关于不同年代人对待离职态度的话：60后，什么是离职？70后，为什么要离职？80后，收入不高我就离职！90后，领导骂我就离职！95后，感觉不爽就离职！00后，领导不听话就离职。看到网上这些不同年代人对于辞职的态度描述，其实从某一方面反映了当前的一些社会问题。但因为同事关系不和、领导不听话等就去辞职，难以想象，至少现在的我，难以认同，那么大家想过为什么会如此吗？

这个时候再回头想想大学里所开展的一些工作。学习有主见的同学还知道进入大学仍要努力学习，不过也有同学片面地认为只要学习成绩好就行了。有的同学就更加过分了，认为大学就是之前所有努力学习的回报，进入大学后就不需要努力学习了，进而发展到任性自私、放松懈怠。其实在大学生活中，我们开展各类学术讲座、活动、学习和调研等就是为了丰富大家的知识结构，增强大家与人合作相处的能力，领悟为人处事的道理，感受人文情怀与生活味道，使大家不再陷入"小我"，懂得成就"大我"。你们在大学四年生活中经历的所有不开心，只要经过自我总结，改善与朋友交谈的方式，你们走上社会一定会更加成熟。如此，你们会更快适应社会这所"大学校"，更加理性看待生活中的各种现象，更有担当地去承担自己该尽的那份职责！

人生就像一杯茶，不会苦一辈子，但总会苦一阵子，很多人为了逃避苦一阵子，最终苦了一辈子。希望同学们能够重新审视自己关于"有没有意义"的理解，重拾自己关于"不到长城非好汉"的学习热情，重建自己关于"为实现民族伟大复兴"的家国情怀。

| 主 题 | 总结过去，展望未来 |

| 寄件人 | 皓 哥 |

对于每学期来说，一般会开五次年级会，当我写到第五封信的时候就代表一学期即将要过去了。同样也是新的一年的一月，这样的时刻对大家来说既是新的开始又是汇报总结之时。不知各位准备好了没？

前面和大家谈过关于人生选择的话题，那时的大家面对分流不知如何选择。人生会有无数次的选择，所以这封信我还想说说选择！

还记得那年，作为大一年级的你们，很多在纠结自己该如何选择。同学们开始浮躁不安，担心自己学习成绩不好影响排名，悔恨自己平时没有好好学习，或为自己辩解是因为对专业没有兴趣而无心学习等等，可不管怎么样，大家还是最终为自己选择了归宿。

新的一年，作为大二年级的你们，不知是否还在纠结、浮躁、担心、悔恨、辩解呢？

近一个月来，我陆续和各班绩点不到 2.0 的同学谈话，大家知道为什么吗？概括来说，就是为了防患于未然、鼓励与再提醒！

所以，我想说，从这学期开始，大家在学习方面不应该再有纠结，即使有也不要常有，相信同学们能做到。虽然我只找了一部分同学谈话，但我想向所有同学传达一种信号：上学期考试成绩不好的同学要更加努力了，上学期考得好的同学不代表你们这学期还能考出优异成绩，你们要继续保持，不断突破自己。也就是说这学期大家应该考出的成绩都要比上学期好，每个同学都应该有进步。对于学生的身份也好，对于专业学习也罢，你们已经有了归宿，那就好好过吧！同学们！

从这学期开始，大家在学习方面不应该再浮躁。浮躁在心理上表现为一种冲动性、盲目性；在情绪上表现出一种急躁心态，急功近利；在行动上表现为缺乏理智，盲目冒险。在学习中浮躁的具体表现有：行动盲目，缺乏思考和计划，做事心神不定，缺乏恒心和毅力，急于求成，不能脚踏实地。同学们可能会发现这样一些情况：上课铃一响，部分同学才急急忙忙跑进教室，找了后排座位开始玩手机；期末熬夜通宵学习，学习无目标或无动力、无压力，每天得过且过，靠学期末的几天临时抱佛脚。从学习的本身来说，不管是哪个阶段都是枯燥无味且寂寞孤独的。但是我们必须得明白，人的成长其实就是一个抵制诱惑、屏蔽干扰的过程，抵制诱惑和干扰是我们每个人的必修课。一次次的枯燥无趣换来的是通往知识殿堂的钥匙，一回回的疲惫乏味换来的是自身素养的提高。当学习浮躁的时候，不要总是试图从外部寻找原因，而是把它当成一种提醒，告诉自己，从现在起，该好好调整心态了。如果可以，给自己留一些空间，将手机调至静音放在一边，专注地读一本书或者静静思考，感受身心的自我沉淀，褪去浮躁，回归真我。对于今天的同学们来说，你们或多或少地做到了让自己不是那么浮躁，否则你们也不可能坐在大学的学堂里。可作为大学生的你们，受到各种信息的干扰，有时有点浮躁也是可以理解的，但老师希望大家面对学习时还是要静下心来为好。奋斗吧！同学们！

从这学期开始，大家在学习方面不应该再有担心。即使有也不要停留在表面，相信同学们会感悟到。有此心理的同学不一定是坏事，说明你们还是在乎学习结果的，想着要学好的。但要注重过程的学习哦！不要每每在考试时才知道担心，我不希望同学们用这种担心来换取自己的安心。同样我也想让同学们明白，经常有这种担心不意味着你们就是不自信或没有能力，不是这样的！而是要明白，只要你们怀着这样的心态去好好学习，珍惜机会，一定不会学得差，肯定能学好、考好。努力吧！同学们！

从这学期开始，大家在学习方面不应该再有悔恨。即使有也只是徒劳的，相信同学们应该懂我意思吧。接着上面所说，"担心"我想说明的是一种学习态度，对于"悔恨"这个词，我想强调的则是同学们的学习过程。有的时候同学们会开玩笑说"一时放纵一时爽，一直放纵一直爽"，但长期处于放纵状态容易造成精神内耗、导致计划推迟、产生空虚和懊恼的负面情绪并恶性循环。偶尔有这种心态老师是理解的，但总在考试后再去悔恨，没有任何的总结与改变，也没有太多的实际行动，这样的悔恨又有什么用呢？如果想要摆脱后悔，那同学们就需要狠下心来切断能干扰你的所有信息来源，良好的学习氛围是一切的开端，刷手机上瘾，那就卸掉娱乐APP；在宿舍动不动就躺，那就去图书馆学习。如果想重新获得学习能力，前期确实会经历一些痛苦，自律本身就是一场对抗惰性的抗争，前期是痛苦，中期是习惯，后期则是享受，当同学们开始享受自律的时候，就会发现面对期末考试可以游刃有余、信心满满。同学们仔细想想，你们觉得呢！行动吧！同学们！

从这学期开始，大家在学习方面不应该再为自己辩解。不要再把无心学习归结于对本专业没有兴趣或是学习无力感。从专业选择来说，大家按照自己的"归宿"已经适应了一学期了，此时不再讨论这个是不是你们想要的，作为已经是大二的学生来说，或者作为我曾经读过大学的人来说，毕业证书和学位证书是我们基本的学习目标，所以我们只能认真面对。既然已经选择了并且无法转专业的话，那就只能坚持了，尽全力学好现有的专业。其实大学里不完全是学习，大学里自我支配的时间相对较多，同学们也可以选择一个自己感兴趣的东西自学，把自己感兴趣的东西学好了，未来也是一笔财富，因此不必太纠结现在的专业兴趣问题。从我对大家的观察，我感觉同学们都是聪明的，区别就在于是不是能克服以上几种心理，进而正确对待。希望同学们泰然处之，如果还有困难或其他想法的，欢迎来找我，我们好好聊聊，相互促进。加油吧！同学们！

这封信可以说既是对大家的考试动员，也可以说是对大家后期大学学习的一种期望。恳请同学们做好本学期最后的冲刺,考出理想的成绩,也衷心地希望同学们能持之以恒。

我要求同学们必须做到诚信考试、认真备考、积极迎考!

我期待你们"凯旋"!!!

主 题　**辞旧迎新，愿你一切都好**

寄件人　皓 哥

  亲爱的同学们！自相识以来，我们之间的每一次坦诚相待与倾心付出是不需要寻觅的，只需要你我用心去感受。正如每逢佳节的一份份祝福，我们不需要用太多的华丽辞藻，只需要真心地去接受。春节到，我衷心地祝愿你们及家人心想事成，身体健康，阖家幸福！

  去年除夕我给大家写的信还记忆犹新，一晃一年过去了。我是一个枯燥乏味且无趣的人，请同学们原谅我送出的祝福都这么生硬，让人有高兴的感觉却没有兴奋的心情。

  在过去的一年，我们经历了专业分流，我和你们其中一部分人从陌生到熟悉，和一部分人从熟悉到再熟悉。这一年在你们的陪伴之下，变得更加充实；这一年在你们的支持之下，工作生活都很顺利；这一年在你们的包容之下，平稳度过。

围绕"过年",我想借此和同学们分享我对"回家""团聚""成长"三个词的体会。

第一个词"回家"。每年过春节,正如媒体用《一路回家》《春节 回家》等栏目,展现身处各地的人们春节回家的迫切心情和因为各种原因无法回家的那份渴望和眷念之情。这其中有的人为了省钱或者为了少花钱,选择拼车、骑摩托车、步行等,他们日夜兼程,跋山涉水,看了着实让人感动,让人心痛,真心想说回家不易,生活不易。还有人在候车大厅剃胡子和梳头发,经采访得知他们是为了不把自己在外的那份艰辛和憔悴带回家。同学们有没有想过,为什么明知假期就休息那么几天,明知无论选择哪种交通工具都会堵都会累,明知都要花费自己不少的路费,可他们还是要精神抖擞地回家呢?或许你们当中就有父母因为各种原因无法回家的,请相信他们一定是想你们、牵挂你们的,他们的心情和你们也是一样一样的。所以,同学们有没有猛然发现原来回家对于一些人来说就是过年的一种象征。所以我希望同学们能再用心地去观察,让自己从现在开始明白,家对于我们来说是有多么重要,我们要好好珍惜自己的家,今后无论你走到哪里,发展到哪步,请记住,家是你永远的港湾,我们得用心呵护与经营。

或许你们说早已明白,因为我发现平时一放假你们就回家,假期的校园是如此清静。但我要强调的是你们要明白为什么回家,回家后该干什么。除了是因为想家,我还想请同学们付出实际行动,回家能多孝敬自己的家人、尊重他们、和他们多聊天、帮他们分担一些家务,让家人感受到你的改变。

第二个词"团聚"。或许同学们会说,现在无论是大人还是小孩,都觉得年味越来越淡了,越来越没有意思了。可同学们想过没,这是为什么呢?我个人分析认为:过去平时没有好吃的只有等到过年才有,现在平时吃的和过年吃的不再有太多区别;过去每逢春节大家期盼着拜年能拿到压岁钱,现在你们通过"抢红包"同样能得到满足;过去大家面对面拜年,现在更多的人选择通过新媒体传递祝福,不耽误彼此时间。其实不然,我觉得,一年来一家人为了各自的事业,难得坐在一起唠唠家常,只有过春节大家放假了才能聚在一起。或许今天的你们觉得过年没有什么意思,吃完饭就拿着手机自顾自地玩,或者干脆外出做喜爱之事。其实,我特别想和同学们说,从现在开始,就要珍惜每次的家人团聚。要适当走出网络,走出以自己为中心为目的的生活方式,你们可知道,有的人期盼家人团聚期盼多少年了却因为工作原因无法实现，有的人期盼家人团聚因为健康、情感、生活所迫等原因不曾实现。或许我还不能把这份体会描述得那么透彻、深情，但请同学们能把我的话听进去，让手机适当休息，放下电脑，多陪陪家人，多和家人聊聊天，要刻骨铭心地意识到过节一家人在一起比什么都好。你们若尝试着去做了也一定会发现，原来每次的团聚都会给彼此留下深刻的印象，每个人的学习、工作经历都会让自己长知识。

第三个词"成长"。每过一次春节大家就要长大一岁，这是从最简单的层面上理解成长。但我想和同学们说成长还意味着我们从内到外不断走向成熟。在我们成长的过程中一定会体会到酸甜苦辣，对于我们来说不要有选择地接受，也不要有选择地拒绝，因为只有历经各种生活的过程才能让自己更加成熟。成长还意味着一个人的担当与责任感不断增强，意味着知道自己应该要什么、做什么，从而对自己严格要求，善于抓住自己的每一次关键成长，实现个人目标与理想。当然成长中的烦恼、痛苦、欢乐会给你们留下深刻的印象，这就教会我们要学会在"成长"中学习，在学习中体会生活，体味社会，让自己不断进步、不断改变、不断更新。我期待你们能够领略到这种成长，让自己在大学毕业后步入社会时不再显得那么稚嫩，不再那么不堪一击。我还期待大家的每次成长转变。

　　同学们，在学期末学院一次会议上，领导最后用了"你若安好，便是晴天"作为结束语，我发现老师们给予的掌声异常得响亮与整齐。我想那是因为这句话既贴心又反映了每个人的心声。所以，同学们要记住健康是资本，快乐是根本，我希望同学们能用心去感受我和大家分享的三个词，用心去观察生活，用实际行动去检验，我们晓庄人奉行的就是"教学做合一"嘛。我也衷心地希望同学们能从过年中不断感知家赋予不同社会角色人的那份责任与担当，从一次次家人的欢聚一堂深情体会亲情与幸福，面对每一次的"成长"用心去感知、去收获。再次祝福大家及你们的家人，照顾好自己，我们开学见！

| 主　题 | **为自己努力，为自己代言** |

| 寄件人 | 皓　哥 |

　　在儿子幼儿园报名前夕，他的老师发了一份通知，主要内容包括报名时间、寒假作业、学费上缴方式，还有就是提醒我们家长要提前调整孩子的作息时间，确保入园后孩子能及时调整自己。这倒启发了我，这封信可以和你们聊聊新学期如何更好地开始！

　　假期的日子总是让人眷念的，我也如此，切身感受来说，我发现一味地享受假期的过程不顾其他，那样一定会让人失去一些斗志、失去前进的动力、失去拼搏的勇气。简单地说，就是我偶尔也想不上班，在家多好，可是行吗？问问自己行吗？不行啊同学们！相信同学们一定注意到，就在我们还没有开学时，就早已有人奔赴岗位了，你们也一定发现了网上发的一张夫妻车站送别的场景，看的着实让人热泪盈眶。还有在你们报到的途中，你们也一定留意到身边有背着行囊的打工者，他们背井离乡，远离亲人，看的着实让我感动，真心想说生活不易啊。

或许你们当中就有一部分家人也是如此，甚至还有人就从没停止工作，正如央视新闻主播朱广权所说，"亲爱的观众朋友们，地球不爆炸，我们不放假；宇宙不重启，我们不休息；风里雨里节日里我们都在这里等着你，没有四季，只有两季，你看就是旺季，你换台就是淡季"。他成了"网红段子手"，但也真实反映了许多特殊岗位是没有假期的。我和同学们说这些，只是想说每个人都有自己的生活轨迹，都会有自己的生活难处。对于咱们师生来说，我们处在急需奋斗的年纪，这个年纪包括了你我。我们要做的是什么呢？信息时代大家能"网游"世界，成为各种粉丝大军中的一员。可你们有没有想过，我们也应该有自己新的开始，其他行业的人们都早已行动，作为学生身份的你们，作为老师的我，没有理由还没准备好吧！

好的开始可以从榜样的力量汲取。假期我看了《中国诗词大会》，相信有的同学也看了吧，夺冠的"00后"选手武亦姝给大家留下了深刻的印象。武亦姝之所以让大家难忘，我想有几个原因：她的个子180，年龄只有16岁，当然更重要的是她凭借强劲的实力和淡定的比赛心态，从容答题的神情，尤其是在"飞花令"环节中一鸣惊人。我想武亦姝的出色表现绝非一朝一夕的努力所能实现的,背后必定是她日积月累的努力积淀。仅有16岁的她,实力的呈现肯定是她从一次次开始中不断储备出来的。对于我们来说,看看她,对照自己,是不是觉得平时浪费的时间太多了?是不是发现自己爱好的东西太肤浅了?是不是意识到只有持之以恒地努力才能成就一番事业。所以,希望同学们可以参照身边的榜样人物,劝勉自己,让自己静下心来,努力学习,继续前行。

好的开始源于每次用心用情地坚持。正月初八的晚上,歌手赵雷亮相湖南卫视演绎原创歌曲《成都》,不但打动了现场的听众,还引起了各家媒体的关注,尽管网友的评判不一,但这并不影响赵雷、《成都》登上热搜榜。网上还出现了各种版本的《成都》诸如《南京》《烟台》《阜阳》等等,同学们脑洞大开还改编了一首《晓庄》版本的。同学们有没有想过为什么这首歌曲会一下子这么火呢?我听了很多遍,或许是被旋律和歌词中所折射出的那种孤独之心、那种漂泊之情、那种牵挂之意、那种纯朴的爱恋、那种一人在外打拼的辛酸、那种情到深处不能自拔的情怀所深深打动,感同身受。但不管怎么样,同学们要知道,作为北京人的赵雷，在成都奋拼，从歌词中不难看出，曾也是历经了"故事"的人啊，曾在2010年被评委质疑过，所以说同学们要学会从每次开始中坚持。或许你开学第一天上课，第一晚离开家人睡在宿舍，大家再听这首歌时，觉得确有感触，不曾想有多少人也和你们一样，有过伤感、动情、彷徨的夜晚，可是别人在努力中坚持、在寂寞中升华、在目标中奋斗。希望同学们也能如此，不再随心所欲地过着大学生活，请记住成功永远属于时刻有准备的人。

好的开始还要有担当与责任感。正如前面提到的，打工者之所以不得不背井离乡，是因为他们要维持生计，养家糊口；武亦姝、赵雷等之所以不鸣则已，一鸣惊人，是因为他们守住了寂寞，持之以恒地努力；还有那些节假日都必须坚守岗位的工作者，他们都是源于自己的那份工作角色所赋予的责任与担当。对他们而言，每天都是新的开始。

同学们！我想说，请不要总觉得自己还小，还只是个学生，可以慢慢适应、慢慢改变、慢慢开始，殊不知时间就是这样悄悄溜走的。希望同学们能承担起作为学生的那份责任与担当，尽快调整自己，从2017年开始，从本学期开始，善待自己，约束自己，成全自己。

同学们！我还想说，请你们不要轻易就因为别人而感动，不要轻易就因为别人而泪湿眼眶，不要轻易因为别人而羡慕。我们要学会为自己代言，脑袋不为他人所有，要为自己而思考、为自己而感动、为自己而骄傲。让我们师生共勉，一起从现在开始，同舟共济，共创似锦前程。

主 题　**为自己代言，为晓庄添彩**

寄件人　皓 哥

"走进晓庄门就是一家人，走出晓庄门还是一家人"这句话是我在校庆日里最想和同学们说的。今天是3月15日，随着你们来到晓庄的日子变长，你们应该熟悉了"陶子"这一称呼。我们中华民族逢整十就是大庆，就是十分特殊的日子，是值得庆祝的节日，今天我们的母校——南京晓庄学院迎来九十岁生日。作为老师，作为学长，作为我们晓庄一家人，借此机会我想和同学们说说我的肺腑之言！

记得那是在2004年9月，作为2004级"陶子"的我，被通知要到南京晓庄学院方山校区参加活动，至今想来，我都是兴奋的。一方面是因为可以走出汤山防化团休息半天，另一方面是我真心想看看自己的大学新校园到底是什么样子，上车后我非常激动。记得当天我是被车子带到了合一广场，当我下车第一脚踏进晓庄这片沃土时,眼前的大学校园让我记忆深刻。当时只有行知楼、元培楼、中心报告厅、叔愚楼、鹤琴楼,还有现在的文科实验楼,宿舍也只有滋兰苑和树蕙苑,其他要么是施工的工地,要么就是黄土堆或是还没有收割的庄稼,就连超市也是开在15幢男生宿舍的地下室。在回去的路上,车上好安静,每个人仿佛在思量着什么。

2004年10月下旬,我正式入学上课了,还记得当时我要想坐公交车走出大学城,得先步行到现在乐活和江宁体育馆的十字路口,尽管这里是始发站,可只要公交车一来,十几秒时间车子就被挤满人,因为当时再没有其他交通工具可选了,出租车都见不着几辆,就这样我的晓庄生活开始了。

2007年3月15日,我们在江宁体育馆为母校庆祝80岁生日,那年我们开展了很多庆祝活动,虽然当时条件有限,但我们很用心、很投入、很积极。时光飞逝,十年过去了,我们迎来了母校的90岁生日。如今的晓庄校园更美了,"陶子"也更多了,可选的专业也更多了,就连大学城其他学校学生也向往这里,因为最美在晓庄,美的是晓庄的景色,美的是晓庄人,更美的是老校长陶行知先生的"爱满天下"的情怀!

2008年,听说学校还要建图书馆,再建一个操场,一个体育馆等等,可这一切,对于即将毕业的我来说有种莫名的失落与伤感,或许是因为我享受不到就要毕业了吧。在我毕业聚餐的那个夜晚,当时我们现在的学院名叫信息技术学院,两个班学生就是学院的一届毕业生,学院领导来了,老师们也来了,我们相拥而泣,两眼泪花看着彼此互敬着酒,说着难舍难分的话。到了第二天,我和我的同学穿着学位服,在校园的各个场景里疯狂地留影,当时我们就连坐在校园的小片黄土上都觉得此景美不胜收,或许当时我们已经意识到不得不离开了,真的是要各奔前程很久才会再相聚。当我们回到宿舍收拾行囊办理退宿舍时,我们还激动地讨论了很久关于晓庄大学生活的事,还一起幸福地憧憬着晓庄美好的未来,还一起承诺一定会再"回家"看看。

而今我们这个校园每天都在发生着变化,一幢幢新的教学楼在方山校区拔地而起,新的公寓楼也建好了,行政楼、行知组团、理科组团、服务区等等都建好了,校园两边的树木长高长密了,黄土也变成绿地了,原来的庄稼地也变成校园里别具一格的园林景色了,花开时,还会吸引很多师生驻足、拍照。公交车也多了,校门口也有公交站了,地铁也通了。同学们!你们一定无法体会到作为第一批来方山校区学习的我,看母校发展到今天,我是何等兴奋与满足,又是何等地羡慕你们现在的晓庄生活!

我想说,你们今天正见证着我们当年对晓庄学习生活的部分梦想,同样你们今天对晓庄的祝福、期望、梦想,必定会在你们学弟学妹面前梦想成真!所以请同学们一定要学会珍惜、学会拥有,一定要奋发图强。请不要再抱怨这不好那不好,请不要再羡慕别人。你们要坚信,南京晓庄学院永远是我们一生之中最难以忘怀的地方,她的明天一定会更好!更美!更强!

我想说,我们的母校是有着深厚文化底蕴和悠久历史的,她发展到今天是一代代晓庄人不懈努力的结果。在《沿着陶行知的足迹》一书中有这样一段内容——1927年3月,老校长陶行知辞去教授职务,和赵叔愚等人一起,在南京北郊的一块荒地上风餐露宿,开始创办晓庄试验乡村师范。第一届学生只有13人,陶校长乐呵呵地站起来讲话了:"我们这个学校,和别的学校不同,一无校舍,二无教员。校舍上面盖着的是青天,下面踏着的是大地,我们的精神要充溢于天地之间。"是啊,一代代晓庄人一直秉承着行知先生的"捧着一颗心来,不带半根草去的"大爱精神,发扬校训"教学做合一"的理念,培养了一批又一批人才,为我们这个国家和民族的繁荣做出了重要贡献。

"今天我以晓庄为荣，明天晓庄以我为荣"我恳请同学们记住这句话，勤勉自律，奋发有为，我们要因自己是晓庄人而感到无比的自豪和骄傲，并且立志通过自己的努力，倾心付出，继续传承行知精神，为母校明天的辉煌做出应有的贡献。贡献不一定是轰轰烈烈的大事，我们可从身边的一点一滴做起。我们要爱护晓庄的每间教室、每张桌椅，善待各种教学设备、一草一木。当看到水龙头没有关紧能上前关紧，发现坏了要及时告知物管，当最后离开教室时，能自觉地把教室日光灯或电风扇关掉，节约资源。我们还要尊重每位老师，团结所有同学，勤奋学习，刻苦钻研，将自己的一切紧紧与晓庄联系在一起。

同学们！我不是在喊口号，更不是在要求、强制你们做什么，或许只有等到你们离开时，才能体会到我毕业那年，对这里的不舍与依恋，对这里的难忘与感恩。这就好比每年我去招生时，同学们是如何在我面前说着曾经高中的学校多么好，当年老师是多么关心自己，同学们学习是有多么努力。我坚信！在你们大学毕业后对晓庄的恩、对老师的情、对"陶子"的友谊也一定会刻骨铭心。

同学们！我要求你们做的，我也一直在竭尽所能并身心投入其中，我能在晓庄工作并与同学们相遇，真心感到荣幸与幸福。让我们师生携手并进，为南京晓庄学院这部永不完稿的诗集增光添彩，鞠躬尽瘁。

最后，衷心祝愿母校各项事业蓬勃发展，蒸蒸日上；祝愿各位老师、同仁们身体健康，桃李满天下；祝愿同学们心想事成，前程似锦！

主题　**合理控制情绪，享受幸福生活**

寄件人　皓哥

同学们从上周到这周是不是感觉季节在穿越啊，上周还有人穿羽绒服呢，而这周就有人穿短袖和裙子了。所以民谚云："春天孩儿脸，一天变三变。"在这万物复苏、乍暖还寒的春季，人的情绪似乎比其他季节都要不稳定些。同学们也较容易出现易燥、易怒、易喜、易悲等各种心理或行为。在年级会上我向同学们做出了预判，分析了几种可能，但情况并非我想的那么简单。这个学期开学还没有多长时间，已经接连发生了一些事情，所以我想了想，还是和同学们再聊聊关于情绪的话题吧。

我承认这个季节会对一个人的情绪产生影响，但我认为绝不是主因，或者说影响也是可控的。我有这样一个观点：无论是哪种情绪都是源于一个人的思想，而思想的深度则决定了一个人对情绪掌控的能力。同学们不妨仔细想想，无论你的哪种情绪产生都必定是因为一件事情，而你思想深处对待与关切这件事的程度不同，你情绪的反应也会不同。

比如在我们师生相处的过程中，老师因为同学们上课坐后排、玩手机、看视频、睡觉等事情批评了大家，可你们认为自己没有讲话，又没有影响到别人听课和老师上课，为什么批评我。于是和老师理论，还振振有词地认为那是自己的"权力"。当同学们不参加班会、团会、讲座等活动时，老师批评了你们，你们认为老师剥夺了你们的"权力"，于是倔强地不理不睬。当同学们到办公室请假或补假，老师认为都不构成理由不予以办理时，同学们认为自己的"权力"没有得到保障，于是进行捍卫或抵触，像孩子般无所顾忌地向老师爆发各种情绪。

再比如同学们在相处过程中，因为一句话、一个眼神、一种看似不爽的行为、兄弟义气、闺蜜感情、男女爱情、公寓卫生、作息时间、评奖、评助、评优等涉及谁对谁错、谁好谁坏、谁强谁弱、谁先谁后、谁多谁少等各类事情时，你们唯我独尊地尽情表达着自己所有的情绪。

其实有时候在我看来，同学们遇到的那些事根本就不是事。在同学们不成熟的思想作祟下，简单的事变得特别纠结、特别难受、特别复杂、后果还特别严重。等到我找同学们谈话时，或者让其写反思时，同学们瞬间变得特别懂事、特别听话，又表现得特别悔不当初。我仔细琢磨，把这种表现归结为同学们犯错后发现承受不起，想极力挽回，减少对自己的惩罚，但更多的我把它归结为同学们思想不够成熟，总把自己当孩子，只有每次在犯了错后，才变得老实而又诚惶诚恐，但总是周而复始。当然还有一些同学认为自己早已长大，始终坚定地认为自己没有错，不到黄河心不死。

说到这里，或许有的同学认为我讲得有点抽象，认为自己并不是思想不成熟，老师就喜欢讲大道理，思想有代沟。那我举个例子吧，记得有一次我在家批评儿子，要求他吃饭快点、多点，晚上睡觉早点，也许态度生硬了点、语言凶了点。儿子觉得委屈，反过来凶巴巴地跟我说："爸爸我告诉你，你再这样，第一我早上就不起来，第二你让我去幼儿园我就不去，第三你不对我好我就换个爸爸。"但说完了他的眼泪反而流出来了。见状，我抱起他哄他，说对不起刚才爸爸态度不好。等到晚上儿子睡着了，我写这封信时突然想笑，因为我觉得同学们虽说是大学生了，有时表现不也是如此吗？

当老师批评你们时，你们不也是不加思索、不加掩饰、不加保留地表达你们的言行，特别是你们的面部表情，绝对是"亮点"！在那一刻，作为大学生，你们只考虑到自己被批评没有面子，你们该有的理智与尊重去哪里了？当同学们之间发生矛盾与分歧，你们有情绪时，说着老死不相往来的话，甚至还大打出手，做着伤害自己伤害他人的事情，有时明知自己是胡搅蛮缠可就不服软，反而故意地做些针锋相对的事，说着气人的话。等到老师介入调解时，大家谈开了后流下委屈、感动的泪水。当遇到类似的事时，作为大学生，你们该有的处理事情的能力与认知去哪里了？当老师多次找个别同学谈话，或者因为同一件事多次找你们，你们想的却是这个老师怎么这么多事、这么烦人、这么点事小题大做，换个谁谁多好。作为大学生，你们想过老师为什么总是找我吗？我为什么不能改改呢！每当我们师生谈着谈着，你们伤心地或激动地哭得说不出话时，我即便再生气也要放下了一切，不停地安慰你们，还反思着自己是不是哪句话说的不对，哪句话说重了些。你们想想自己是不是像个孩子一样总喜欢让别人哄着来。也只有在孩子的世界里，才会永远只考虑自己利益最大化地去分析问题、解决问题。同学们觉得是不是如此呢？

当然，我也得承认，在和同学们谈话时，习惯以一种老师是在关心你们、培育你们这样的心态自居，为自己情绪化的语气和态度找借口，我工作的细致与关怀做得还不够好。这说明我也是思想不够成熟的人，只是相对于同学们来说成熟一点，但相对于比我优秀的同仁们来说，我又显得那么不成熟。请同学们放心，我会在工作中不断改进，认真对待每件事。也请所有同学和我一起行动、一起努力，当有情绪时，无论你有多么得激动，一定要做到冷静、理智、三思而后行。遇到过不去的事，过不去的心坎，不能有了情绪后就什么都不顾、什么都不想，显得你们既稚嫩又无知。我希望大家从读完这封信开始，慢慢改变，有意识地改变。如果遇到事情实在想不通了，请大家主动来找我，我们一起聊聊，一起商量商量。我相信我有这样的能力为大家做好"参谋"这一角色。

我还想告诉同学们：一个人因为一些事情有情绪是很正常的，说明这个人是有思想的，但如果一个人经常有各种情绪，那说明这个人一定是思想不成熟的。我希望同学们能做到老校长陶行知先生的"每天四问"，让自己成为每天都有进步的人！

主　题　**树立目标，敢于向前**

寄件人　皓　哥

　　同学们听说过墨菲定律吗？它大概的意思是：任何事情都没有表面看起来那么简单，所有事情都比你预计的时间要长，要出错的事总会朝着错误的方面发展，怕什么来什么。老师今天不是向同学们宣传、解读这个定律，而是对照自己近段时间以来遇到的事情确有感触。

　　近来我在生活中遇到了一些空前的压力，我很苦恼也很纠结，还有些不知所措，但我在努力寻求突破。同学们可要明白，我不知所措和纠结，苦恼的不是因为我没有方法和能力，而是因为我对一些人一些事有太多的顾及与不舍。

　　我们身边有这样一部分同学，他们认为自己来到大学，就是好好学习，从大一开始就为自己确立了考研目标。这样的同学非常明确地给自己定了努力方向——学习是自己上大学的唯一目标。进而这类同学就一门心思学习，什么学院活动、班团会活动、实践活动、竞赛活动、志愿服务活动等几乎不闻不问，也不想参与，认为是浪费自己的学习时间。

我们身边也有这样一部分同学，他们进入大学后，就积极地参加各种社团活动，专注于学生组织，致力于学生干部这一角色。他们组织开展活动认真负责，但似乎都有一个共性，学习成绩总是在班级中等偏下，很少有名列前茅的。于是这类学生就心照不宣地达成了一个共识：平时会多、活动多、太忙了，我们只要不挂科就没关系。

我们身边也有一部分这样的同学，他们曾经听高中的老师讲过，大学的学习基本不会有问题，没有什么通不过的，大学的生活也是浪漫无比的。于是这类同学对高中老师的话深信不疑，并到了大学后"坚决贯彻执行"。看到如今大学老师管得严，再也不是"60分万岁了"，失望地反问这是什么大学。这部分同学思想深处认为大学是放松自由的地方，认为是作为高中苦读三年获取胜利后享受自由生活的地方。

我们身边还有这样一部分同学，他们认为自己已经成人了，长大了，想做什么就做什么。于是，我看到了学生三五成群，手里叼着烟、穿着拖鞋,漫步校园;我还看到了个别同学在上课铃响了后,吃着早饭不紧不慢地往教室里走。我查课时,发现老师在讲课,有的同学居然还戴着耳机,有的则在玩手机,还有的是趴在桌子上睡觉,更有的干脆在宿舍睡觉认为这课没必要去,要么就是在宿舍打游戏、看视频等等。

说到这里,也许同学们会说,"是啊,我就属于那部分学生,就知道老师不喜欢我",于是,个别同学还如孩子般与老师赌气。可以肯定地告诉同学们,在老师的眼里,你们都是一样的,因为我希望无论哪部分同学都不要自以为是地只做自己,不要任性而又固执地认为我就这样。同学们为什么不可以相互学习、相互借鉴、取长补短,让自己变得更加出色呢?

作为当代大学生,不能只读书、读死书,更不能不读书。无论你是有意无心地学习,还是随意用心地学习,只要达不到规定的底线目标,这些学生就是我工作的重点,也可以说是自己工作的挑战吧。这封信之所以提到墨菲定律,也许正是怕大家一直没有进步,离目标还远,可这些学生人数就是在增加;也许正是怕学生对我有抵触,遭遇冷漠的抗拒与无声的拒绝,还偏偏就有这样的学生出现等等。

我想尽自己最大的能力去提醒、去改变、去督促同学们，于是就和一些学生接触得多些，其实通过这几年的工作，我认为同学们还是很聪明、很率真，做人也有情有义，认准的事也很执着地进行。或许正因如此，你们反而对我说的话、要求的事就会自行消化、个别吸收，很难做到完全服从，同学们想想是不是如此。

我们不妨从另一个角度来看墨菲定律，它也给了我们很多启示：当你妄自尊大时墨菲定律就会让你知道它的厉害，相反，当你承认自己的无知与错误时，墨菲定律也会提醒着你把事做得更严密些。容易犯错是人类与生俱来的特性，我们必须学会如何改正错误，并从中不断学习成功的经验。

我不怕同学们犯错，关键是错了以后怎么做。希望同学们能在今后的成长道路中，不断领悟到在做人、做事、处理人际关系时，千万不要轻易对号入座，也不要习惯于心理暗示。

我们决心努力的态度要用实际行动去证明，我们立志进步的勇气更需要脚踏实地地坚持。我希望每位同学能认真去做，努力去改变。

下周我们南京晓庄学院这个家将迎来一批重要的客人，他们来我们家不仅是做客，还要给我们这个家做个全面的检查，所以请同学们高度重视起来,把当代大学生的良好精神风貌和晓庄精神呈现在客人面前,给客人留下深刻而又完美的印象。有家才会有我们,家好了我们才会更好,才会有永恒的回忆。我相信同学们能明白我说的意思,我也坚信同学们一定会做得很好!

主题　**今天的你由昨天决定，也由明天决定**

寄件人　　皓　哥

今天的你是由昨天决定，还是由明天决定呢？大家刚刚看到这个问题时，是不是觉得有些困惑也有些自相矛盾？

这个问题是我在参加全省的一次辅导员专题学习培训期间，一位教授给我们上课时现场提出的，多数人回答是由昨天决定的，也有少部分人回答是由明天决定的，当然也有人回答两者都是。印象深刻的是，当时教授还说，"你们不愧是辅导员，做什么都考虑得那么周全、那么默契、那么团结，你们把所有答案都说了出来，让我无从发挥……"

随后教授并没有直接给出答案，而是和我们说："大家想想，如果你昨天遇到的种种开心或不开心、难忘或不难忘、成功或失败，是不是影响到你今天的心情？"

教授又接着和我们说："那么假设你对明天的生活有怎么样

的期待、规划和选择,你如果想要去实现自己的这个'期待、规划和选择',你是不是就要从今天开始着手准备了呢?如此一来,我们是不是就可以认为,明天你想要什么样的生活决定了你今天怎么去做?我想大家就知道答案了吧。"

教授的一番话让我陷入了深深的思考,我这个人习惯性思维太多,起初当他提出这个问题时,我心中回答他的第一个答案就是昨天。因为我常和你们沟通的是大家要去坚持、要去不断积累、每一天要去努力等等这类的话。

这封信我想到以前的学习经历和同学们聊聊,是因为现在同学们处于大二年级快结束的时期,也可以说是你们大学四年承上启下的关键时期。近四个学期以来无论你们对于自己的成绩是满意还是不满意,对于自己的专业到底喜欢还是不喜欢,当下的大学生活是快乐的还是苦恼的,这些可能会时不时地影响着你们。可如今,请同学们不必再纠结了,这封信的标题已给同学们足够的思维空间来调整自己了。

在你们第一次考试前,分流动员会上,我和同学们说的话大家还记得吗?请同学们认真复习,积极努力地去考试,因为这样,无论你考试成绩如何,你会告诉自己我真的努力了;请同学们认真选择，积极地去思考，专业分流又给你们一次志愿选择，经过大学一学期的学习，你们的选择定会比高中更成熟；请同学们不要太纠结于这次选择，因为人生不如意十之八九，不能因为一次的不如意而懈怠了一生的无数次选择。当然，我个人认为这样的一次选择是否如意也改变不了你立志成为优秀的教师和社会精英人才的人生梦想。

感悟昨天。我们更多的是要学会感悟对自己有用的。每一天都可谓是人的新起点，我们无益于去纠结过去的一切不开心，就同学们而言，关键是如何在思考和学习中更好地升华自己，在成败和逆境中领悟得失。诺贝尔奖得主屠呦呦、诺贝尔文学奖获得者莫言、"杂交水稻之父"袁隆平等，他们个个都取得了耀人的成就，可是同学们再仔细看看，网上搜一搜相关资料，他们的昨天哪个不是充满着各种考验，但是他们没有放弃自己心中的目标，不断在昨天中积累，紧紧围绕自己"该做的、要做的、想做的"不懈努力。同学们为何不可？你们年轻有活力，风华正茂，我想大家只要愿意，一定可以成就自己。

珍惜今天。梁启超曾说："少年智则国智，少年富则国富，少年强则国强"，作为新时代大学生的你们，新年新气象，新作为新担当,一定要让自己的努力、自己的目标、自己的未来和整个国家、整个民族联系在一起。或许你们觉得这话很空,觉得自己达不到那个高度,但同学们要相信自己从今天开始努力,不断积累,不负韶光,充实大学学习生活的每一天,那么将来你的工作得心应手、专业技术能力或资质过硬、科研技术与创新能力强、团队协作和再学习意识好等,这些就是你们在为国家做贡献。你们坚守爱国热情与民族情怀,立足岗位,现在是学生从学习开始,将来步入社会从工作开始,把分内工作做到极致,你们的价值就会逐步体现出来,也必将会对这个国家和社会逐步产生影响。

展望明天。在我们成长的道路上,难免会遇到各种挫折,不同的人在面对所谓挫折时会做出不同的应对之策,而往往成功者和失败者就在这里"分道扬镳"了。就像当年你们获知自己分流结果的那天,我接到了你们家长以及同学们的很多针对分流疑惑的电话,当时焦虑的又何止是你们,可怜天下父母心,每一次和他们交流后,我就感到身上的担子特别重,工作压力特别大,生怕没有把你们培养好。再回过头去看,那不就是对大家的一种考验吗?继续努力学习还是怠慢自己,你们应该对自己有信心。大专业是相同的,不同的方向就决定了你的未来?不至于吧,对于任何专业及相关方向，只要你们用心学、学懂弄精，就业领域依旧广阔。所以无论如何，你们每个人都该对明天有所展望。你们只有对明天有更高更精彩的期待，才会义无反顾地去努力。在这里，我真的非常希望每位同学能设计一个属于自己的明天，不因自己的心情、处境而轻易去改变，我们要学会控制自己，让自己始终对明天满怀憧憬。

我希望大家看完这封信后，能够适时把握自己、调整自己、激励自己，在生活中少一些抱怨，多一些正能量。我在一本书中看到这么一段话：当你们沮丧的时候，看看《幸福来敲门》，别人的幸福之路或许也能引领着你找到自己的方向；当你们失恋的时候，看看《他没那么喜欢你》，让自己看清事情的真相，早点走出感情的阴影；当你们累了的时候，看看《怦然心动》，两小无猜的温情故事或许能给疲惫的心带来一丝安宁；当你们徘徊的时候，看看《奇葩说》，凡事没有绝对，给了人更多的思考与分析问题的角度，让人重新审视自己……

如此，你们才会精神饱满、满怀斗志地学习与生活，大学生活会更加丰富多彩。

主 题　　懂得如何去"做"好一件事

寄件人　　皓　哥

　　人生自有悲欢与离合，喜怒与哀乐。每年的 6 月对于一名教师职业的人来说，仿佛就是在经历人生的全部情感。

　　6 月 19 日上午在组织学生统一去江宁体育馆参加毕业典礼时，你们的一位学长看到我，走到我跟前，对我说："皓哥！我们抱一下吧，我要毕业了。"然后又向我鞠了一躬，说着谢谢皓哥！哎呀，当时那种情感真的无以言表，我被感动了很久很久！我相信，我的每一位同仁、我带的每一届学生，只要经历过毕业，他们的体会将更加丰富。

　　我在感受这份情感的同时，也在努力让自己冷静思考，思考该如何更好地和你们度过余下的大学生活，思考该如何让你们更好地吸取"前车之鉴"，思考该如何让你们更好地开始规划自己。

前段时间我分别去了北京和厦门参加创新创业的学习培训，在学习过程中聆听了一些具体工作案例和专家丰富的经验交流。专家们在谈到大学生创新创业时，都提出大学生们首先一定要有创新创业的激情，要有持久的兴趣与动力，还要有责任与担当。同时强调创新创业对所有高校大学生来说都是痛苦而艰难的一条路，可能多数都会以失败告终，目前成功的案例也只占10%不到。不过专家们也都有一个共同观点：即便那些创新创业失败的大学生走上就业的岗位，他们也个个都是优秀的，尽职尽责的，因为在创新创业的过程中，他们通过亲身经历所学到的知识比那些没有经历过的大学生会更多、更丰富、更深刻、更具感染力，因此，当他们走向工作岗位时会更加理解、更加尊重、更加支持地去工作。我听了后很认同专家的观点，且更加感动和佩服那些勇于创新探索的同学们！

学习归来我个人领悟到这么一句话，并把它作为此封信的中心话题来和同学们分享：单凭语言给同学们传授的知识与教育总显得那么的苍白无力，唯有实践给同学们传承的知识与教育才会刻骨铭心且具有说服力。我认为对你们来说，实践真的很重要也很必要，不知我这样的观点是否有道理，请大家积极探讨。

同学们可能会说，我们不是每年寒暑假都要求社会实践的吗，还要再布置？其实我一直在关注着同学们的社会实践情况，但可以说绝大多数我是不满意的，也可以说多数同学的社会实践并不符合要求。

我们要思考一个问题，为什么要社会实践？当同学们步入大学前估计从没有想过暑期会有作业吧。当拿到作业后同学们各有所思，有的同学认为这个简单，不就是一份实践总结和盖个介绍信的章嘛；有的同学认为这个好完成，本身自己就会去找点事做；有的同学认为不理解，干脆自己编撰随便了之等等。大家来到南京晓庄学院都该知道，作为晓庄人追求的就是"教学做合一"。学校每年放寒暑假都会安排社会实践，目的就是希望大家通过实践感受真知，并将自己的理论知识转化为实践行动。几年来，我也发现，每次认真完成社会实践的同学，他们会在潜移默化中变得更为成熟，不再需要老师更多地去教育与引导，他们会懂得生活的艰辛、工作的不易，从而明白如今的学习是何等重要与难得。他们会不断勉励自己要更加努力，我想这就是社会实践的力量吧。我真心希望同学们能从实践中学习文化与知识。

我们要端正一个态度，社会实践该怎么做？同学们可能觉得自己什么都懂，老师讲的无非就是那么几句；同学们可能觉得自己就是这种个性，老师怎么就不理解呢；同学们可能也会觉得自己生活得很艰辛，上学为什么这么痛苦呢；同学们可能还觉得学校这个那个规定不合理，老师如此地不讲情面等等。无论同学们提出以上哪类问题，都足以说明以上问题一直影响着我们师生之间的交流。我们彼此"较量"了很久，我也想了很多不同的方法尝试去解决，但效果微乎其微。那么现在，我想套用一句外交辞令，我们师生"搁置争议，自我成长"一段时间，同学们不妨带着自己的问题去参加到社会实践中，对照着去体会与感知。

我们要预定一个目标，社会实践该如何完成？谈这个问题时，我要强调自己的一个观点：社会实践并不完全等同于兼职。我之所以这么说，是希望同学们不要以赚钱为目的去社会实践。在我们身边有这样一些同学，他们很懂事也很独立，利用课余时间去兼职，也有的同学为了让自己有更多的零花钱而去兼职。可是当课程与兼职冲突时，同学们往往因兼职不能请假而缺课。每当老师为此而不批假或批评时，同学们会说我们这是在社会实践啊。如果同学们如此理解那不参加也罢，因为这么做一方面是本末倒置，兼职可以，但一切要以学习为主，遇到临时调课也要和兼职单位负责人说清楚，或者在找兼职时就要强调自己还是个大学生，不排除有临时调课的可能；另一方面我认为这是在透支大学生活，你们现在生活的主要内容就是学好文化知识与专业技能，不能只图眼前的小利而失去未来的竞争实力。

那样的社会实践同学们不可能会有什么收获，如果一定要说点什么，同学们感慨的是自己很辛苦、很累，可这并不是同学们通过社会实践要达到的全部目标。同学们应当以"增加社会经验，体验社会角色与生活"为目的，通过社会实践，并带着前面提出的几个问题，设想我毕业了就是做这个工作的，你会随便迟到吗？你会随便不去上班吗？老板批评你，你会甩脸色吗？你会和老板争执不公平吗？与此同时，再看看身边的那些工作多年的人或是跟你年龄差不多的人，他们的工作态度如何，他们在与人沟通时是什么样的态度，他们在受到委屈时又是什么样的反应等等，将这些结合自己的认知，怀揣着这样的目标去完成实践，并对照着撰写自己的实践总结，我相信同学们会懂得更多，成熟得更多。

老子说过："千里之行，始于足下。"我说得再多，还是得请同学们配合着迈出关键的第一步。作为一名"陶子"要懂得去做，"做"在晓庄人的眼里又有着特别定义：单纯的劳力，只是蛮干，不能算做；单纯的劳心，只是空想，也不能算做；真正的做是在劳力上劳心。请同学们用功、用心、用情地踏实去"做"，交上一份让自己满意的暑期作业。

大三篇

主 题　　请用心、用行动去爱我们的祖国

寄件人　　皓 哥

　　同学们的假期如约而至，而我在这个假期基本没有离开过工作岗位，用同事们的话说，感觉我们一直处在上班的氛围中。不过我们也很知足，毕竟除了教师、学生这两种职业外，其他岗位还没有暑假可言，我们为了同学们多做点，多准备点也是一种别样的假期。不知同学们这个假期过得可好？

　　看着同学们发的朋友圈，我知道有的去旅游了，有的在上考研辅导班，有的在实训，还有的在做兼职等，这说明同学们暑期过得很充实、很好！希望同学们能将自己的各种状态及时调整到新学期的学习生活中。

　　暑假期间我的朋友圈还被一条信息刷爆，那就是关于电影《战狼Ⅱ》的各种评论，我发现不曾发状态的好友都为此感慨了几句，相信同学们也不例外吧。我是一个不经常出入电影院的人，这次我也被吸引着去了。那是个电闪雷鸣还下着大雨的晚上，并非我本意，只是因为我首次在平台买票，那天晚上打对折。

网上对《战狼Ⅱ》的评价很高，评论也有很多。相信同学们看了后也一定有自己的想法吧。俗话说："言语贵在情真，功在情深"。我不知道自己表达的是否能让同学们完全理解或认同，但对于大三年级的你们，家国情怀、报国之志是我一定要谈的话题，同时请同学们相信，我句句字字真情实感。

影片刚开始不久，主角冷锋和战友送牺牲的分队长俞飞骨灰回家，结果正好遇到地痞恶霸暴力拆迁，恶霸头子指着冷锋的头，说了一句十分狠毒的话，冷锋为此踢死了对方，自己被判了刑。当时在影院就有很多人为此抱不平，说对方就该死，说怎么会这样呢……从情感上来讲，我想当时看到这里的所有人都觉得拆迁的人"可杀"，冷锋好样的。可是同学们，情感归情感，法律面前是人人平等的，法不容情。一个人若犯了罪，自有法律去制约。所以，我借这样一个充满法与情的电影情节，告诉同学们在任何时候都要讲法律，不管做什么职业都要讲规矩。人都有生气、冲动、困难的时候，人都有情到深处之时、情绪爆发之处，但务必要有法律意识，请同学们铭记心间。

影片中还有这样一个片段，在别国混战区，当离近中国大使馆时，双方都停火不再交战。当冷锋被包围时，观看影片的人都紧张地屏住呼吸，最后对方头领发出命令说不要伤害中国人。还有就是当冷锋带领撤侨车队撤离途中发现要穿越一片交战区，当时还在小声讨论影片的观众又紧张得鸦雀无声，只见冷锋毅然右臂擎起国旗，有武器的人员全部扔掉了武器，喊话通过。影片中类似我国老解放牌车子开在前面，五星红旗迎面飘扬，交战区交战双方停止交火，撤侨车队在交战双方的注视中安全通过交战区。此处不排除有演戏的成分，但当时，全场观众都在鼓掌，还说我们国家现在就是牛。用国旗不必使用武器，穿越交战区的这一幕深深地打动了我，感染了我。

厉害了我的祖国，厉害了五星红旗！

我们在军事理论课中曾讲过，我们这个国家有着悠久的历史，但也可以说是血泪史，落后就要挨打，列强们的入侵、一系列不平等条约的签订、不计其数的银两赔偿，使得我们华夏儿女民不聊生，在我们国家领土上竟然还出现过"华人与狗不得入内""东亚病夫"的屈辱等等。而今，我们这个国家终于站起来了！中华人民共和国现已成为世界第二大经济体，在国际舞台上不断发出主导声音和发挥着重要的影响力。

　　同学们！你们要知道今天的这一切不是等来的，不是要来的，是在一代代中华儿女艰苦卓绝的奋斗中挣来的！资本就是一代代中国人努力学习、自主创新、奋发图强的结果。中华民族的伟大复兴、中国梦的实现，这个"接力棒"很快就要传到同学们这一代人手中，作为新时代大学生，你有这个实力吗？你们准备好了吗？你们要勤勉自己，自立自强，凭借自己的实力敢于担当，勇于面对，续写新的辉煌篇章。只有奋斗的青春才最美丽，你们的爱国热情不仅仅是靠一句口号，还要各位拥有这爱国的实力，当祖国各行各业需要你时，你们能不能迎难而上，能不能顶住压力，能不能扛起责任，这些都是考验你们真正实力的。

　　同学们！你们要牢记"为中华之崛起而读书"在任何时代都不过时，它是我们永恒的追求目标。影片中，当052D舰长饱含热泪的发出命令："发射！"毫不夸张地说，在场的很多人都流下了热泪，还喊着"快啊！快啊！"。影片最后屏幕打出"中华人民共和国公民：当你在海外遭遇危险，不要放弃！请记住，在你身后，有一个强大的祖国！"我不仅被影片打动多次，感染多次，还被和我一起观看影片的观众感动。影片放完，影院灯亮起，我看了下周围，大家年龄不同、社会角色不同，但在刚刚过去的两个小时，我们都只有一个身份——中国人！如今在繁杂喧嚣的社会生活中，真的很久没有感受到那样的情感，很久没有体会到那种荣耀与团结，那种无以言表的爱国之情。

同学们！爱国的情怀不能丢、不能减，更不能唯利是图。有国才有家，只有我们的国家富强了，你们走到世界任何地方才不会被人欺负，才会活得有尊严。我希望同学们在汲取知识的同时，一定将自己的努力与成就紧紧地与我们这个国家、民族联系在一起。无论今后你们有多么成功，你们走到哪，你们的根都在中国，你们永远是中国人！

主 题　　**守住初心，说易行难，贵在坚持**

寄件人　　皓　哥

九月的校园最令人振奋的声音，就是来自操场的军训操令声和同学们整齐而又震耳欲聋的呐喊声，唯有九月才能听到这么铿锵有力且充满斗志的声音；九月的校园最令人心动的声音，就是来自漫步校园的新生口中的一声"老师好！"，唯有九月听到的最多、最频繁。

这些声音都有一个共同的特点，它们都会因九月而来，又因九月而渐去。每年我十分期待九月的到来，因为整个校园里充满生机，充满活力与学习的热情，充满着期盼与激情。

这不禁让我想起每年招生咨询时，家长和同学们除了问我这个分数能不能上南京晓庄学院之外，问我最多的几个问题是：你们学校管得严吗？你们学校某某专业就业前景怎么样？你们学校考研通过率怎么样等等。

每每听到这样的问题，我是十分激动且开心的，一方面是因为找我咨询的肯定是青睐南京晓庄学院的，另一方面是因为这些问题的提出表现出家长是很关注孩子学习的，我们的学生是十分渴望学习的，对自己要求也是严格的。我想对于咱们老生来说，你们也一定在高考咨询会上，拿着自己的分数，到处寻找着学校，问过类似的问题。如今你们都还记得吗？

问问自己，现在的你内心还有渴望吗？那份炽热的学习热情还有吗？

问问自己，现在的你与高考结束时心理状态有什么不同？

问问自己，现在的你为什么变得对什么都不感兴趣呢？为什么对什么也都变得不在乎呢？为什么对什么又变得那么坦然？

我经常问自己，不管是小学、中学、大学，都是学生学习的阶段，可到了大学后总觉得同学们有些"移情别恋"了。迟到、旷课、挂科现象在各个班级成了共同现象，到了上课时间，个别学生坦然地走在校园不紧不慢地往教室走着，手里还带着早饭，宿舍卫生也不忍直视。连小学生见了老师都知道问声好，进办公室敲个门，问个问题先说请问，可如今，你们进出办公室直来直走，穿着拖鞋也不觉得别扭，这是为什么呢！

和大家说这些,应该谈不上是在批评谁了,更多的是希望同学们通过文字想象一下对应的现象,还有就是因为我被新生军训的场景与各种操令声所震撼,被期待已久却又陌生的一声"老师好!"所动容,情不自禁地想起每年新生初来校的热情与满怀希望,真的想重新唤起同学们的初心。

一个人如果能控制好自己的本心,限制好自己的思想,如此就能够明白自己的真实意图与追求,也只有这样才能够真正唤醒自己的初心。我们需要养成自己和自己对话的习惯,这样可以帮助我们走出迷失的困境,从而把握好自己生命的每一刻。

我坚信同学们的本心都是向上、向前、向新的,思想也都是积极、善良、活跃的。

当同学们来到大学后,脱离被盯着、被管着的学习状态,生活节奏一下子放松了,而且还很彻底。这就使得大家学习的热情在不断减少,整个班级学习的竞争氛围不再激烈,大家的学习目标与渴望也就少了。即便有考研,有学习目标的同学也多少受到这种氛围的影响。因此,他们选择每天早出晚归,不在班级看书,不在宿舍学习。从当初的第一封信写到如今,讨论更多的应该就是希望大家能务正业,做好自己吧。可现如今一部分同学是在没日没夜地打着游戏，没规没矩地学习，没节没制地生活。对于这样的行为，我看了很着急，更是为同学们担心，等到大学毕业了，我们用什么来生存呢？你们真的要学会立志，告别迷茫！

同学们正是被这样一种看似安逸的学习生活环境侵蚀着自己的思想与初心，进而丧失了很多进取之心。其实每个人都有惰性，你们有，老师也有。面对学习生活中的各种困难，想逃避就逃避；面对选择性的"十字路口"，多数是人云亦云，随波逐流；面对人生的态度与价值观，怎么让自己利益最大化就怎么做。所以大家要么习惯于随大流，要么无所谓，毫无规划与主见，变成了一位随便与没有进取之心的人。对于大三年级的你们来说，我希望你们要勤奋，告别懒惰！

我在一位同事的QQ签名中看到这样一句话——成熟不是世故，是懂得从容淡定，做事随心，成败随缘，要在挫折中学会成长。这个签名她用了多年，让我印象深刻。这里提到的随心不代表是不走心，而是指人内心的人生目标、奋斗目标。随缘反映的是一个积极阳光的心态，不是对什么都无所谓，关键是学会成长，这是真正走向成熟的法宝。可是同学们呢，只想着成熟给自己带来的随心，认为自己长大了无须别人管，只想着成熟给自己带来的随缘，认为自己什么都可以，肆无忌惮地透支自己的生活，挥霍自己的青春。对于大三年级的你们来说，我希望你们要用心，告别懈怠！

不忘初心，砥砺前行，说易行难。老师理解同学们现如今的状态与心态，因为我也曾经历过你们的大学生活。之所以在你们步入大学三年级说这些话，是因为，我认为你们必须得清醒地认识自己、规划自己、严格要求自己了。

对于一个人的成长，从来没有太晚的开始，只要你肯努力，勇于实践，终有一天，你的坚持与付出必定会在某个时候以某种方式而闪耀光芒。

主 题　**一路走来，感谢陪伴**

寄件人　　皓 哥

　　11月10日，学校召开了思想政治工作会议。我十分荣幸地在大会上做了交流发言，所以前段时间一直在准备发言稿。我发言的内容重点围绕"皓哥有话说"。我的思绪也随着写发言稿的内容回到了2015年，很多情感涌上心头，感慨万千。

　　我突然很想将发言稿的部分内容与同学们分享，不是为了在同学们面前自夸，而是想让同学们更了解我一直在写"皓哥有话说"的初心与目标。

　　随着思考的深入，特别是在发言之后，心理压力特别大。因为"皓哥有话说"的初心其实是晓庄同仁们共同的初心，目标也是所有同仁们的共同心声。而我只是有幸说出了同仁们共同的初心与使命。

　　我仔细想来，对照自己，又放眼我带的2015级同学们，不禁想问问自己与你们：皓哥说的话对各位的成长发挥到助力作用了吗？你们到底有没有听皓哥说的话？你们懂皓哥说的话吗？你们是不是都按皓哥说的做了呢？

先请同学们看看我的部分发言内容吧。

大家下午好！

2015年6月，我当时带的2011级学生即将毕业，面对离别的愁绪、面对就业的压力，我的学生们都不同程度地流露出不安和焦虑。运用较为传统的教育沟通方式，似乎效果并不明显。后来，我尝试着把想说的话通过信件的形式写下来，并将这封信发布在了我的QQ空间里。信中写了我和同学四年相处的点滴，写了一名辅导员对自己学生即将毕业的依依惜别和衷心祝愿，初心就是为了让学生能感受到作为一名辅导员，四年来是如何关心、如何用心地和他们相处，以此打动我的学生，希望他们无论毕业季遇到什么，都应该感恩母校，感谢老师，珍惜友谊，遵纪守规，文明离校。小小的初衷，没想到当时那封信得到了学生们的热情回应，学生们纷纷在网络平台给我留言，表达他们对我的不舍，对母校的依恋。那封信被学生和同事们多次地转发、转载，学校领导、同仁、其他年级的学生们也开始广泛关注与热议。

习近平总书记在全国高校思想政治工作会议中说道:"做好高校思想政治工作,要因事而化、因时而进、因势而新。"网络信息技术迅猛发展,高校许多思想政治教育工作因"网"而生、因"网"而兴、因"网"而增。新一代大学生深受影响,呈现出"无人不网""无处不网""无时不网"的大学生活状态,作为高校辅导员,抢占网络阵地,是新时代思想政治教育的必然。

自2015年9月以来,我坚持每月给学生写一封信——"皓哥有话说——写给学生的第××封信",信中根据社会、学校、学生发生的一些感兴趣的事,学生成长过程中为人处事、学习意识、生涯规划、情感交流、人际交往、安全警示以及我们辅导员与学生工作中发生的一些故事,结合自己的工作经历、认知与心得体会,又或根据学生提出的诉求与困惑,通过写信的方式说给同学们听。尝试着在网络思想政治教育中占有一席之地,到如今已经写到第22封,字里行间不敢说文采有多么优美,辞藻有多么华丽,但每封信都是初心不改,每封信都付出我的真心真情,不是为了敷衍学生抑或迎合别人,而是竭尽所能地去写,其实也见证了我和同学们共同成长的历程。

与我的"皓哥有话说"相呼应的是每个月的某一个周日上午,

或者周日晚上的年级会,线上平台和线下平台相结合,使得我带的整个年级学生精神状态良好。我也将继续守好"皓哥有话说"这一网络思想政治教育阵地,说好学生故事、说好学院故事、说好晓庄故事。

不知同学们看完我上面的部分发言内容之后有没有什么想法?

总书记的讲话给我们辅导员开展工作指明了具体方向和要求,更让我体会到要做好你们的思想政治教育工作要懂得走近你们、了解你们、做你们的知心人;还要关注你们、关心你们、做你们热心的朋友;更要学会自我学习,引导好你们,让你们有更高的理想和追求。如此说来,好似每封信我都在劝说着大家,其实我也有很多地方做得不够到位。

就拿"有温度"而言,我做得还不够好,同学们有时说我是个"直男",做事有自己的节奏也比较呆板,懂我的学生知道我简单的语言中充满浓浓的关心与关爱,但不了解我的学生觉得我的语言很冰冷。我会在今后的工作中再多留意、多学习,再多多地与身边的同事学习取经,总而言之尽自己最大的努力去改变,努力做到不仅有温度还要有深度。

作为一名辅导员,工作以来一直思考怎么把这项工作做好,网络思政教育是我想继续做好的课题,真的在自己工作中开设"皓哥有话说"是因为有你们的陪伴,想着投你们所好,想着能被你们接纳。

这封信我是不是有点自吹自擂啦,或许也是我的工作遇到了瓶颈期了吧,和大家说这些,我真心地盼望着同学们能理解皓哥,能认真地听皓哥所说,对自己要求严谨一点,刻苦一点,到了三年级了一定要尝试去规划自己;我还希望同学们能认真做到皓哥所说的那样,体会一下你们皓哥喋喋不休的苦心,你们要让接下来的大学学习生活更加充实,不给你们美好的大学青春岁月留下任何遗憾;我更希望同学们能支持皓哥所说的话,我们师生共同努力,不要让皓哥说的话成了自说自话,千万别让皓哥说的成了"皓哥的笑话"。

同学们!就看你们喽,感谢大家,期待大家出色的转变与优异的表现。

主 题　　**内不欺己，外不欺人**

寄件人　　皓 哥

"老师，我觉得我们这个评奖有问题，不公平……"

"老师，请问这个活动章的意义何在？我们奖学金名额少了，那没拿到的钱用在什么地方了……"

"老师，我们来大学就是学习的，你们非要我们参加学科竞赛等各种项目，什么都是你们说有意义，问过我们没……"

"老师，政策都是人定的，你们就不能灵活一点吗，关心学生不要只是嘴上说说……"

"老师，能不能再给我们班一个名额，排在后面的那一个同学真的很优秀，真的不容易……"

"老师，能不能再给我一次机会，下次一定按要求来完成……"

…………

类似这样的短信、QQ、微信留言、电话还有很多，每位老师在前两个多月都能收到来自同学们心灵深处的呐喊。每每到了评"奖、助、免、补、优"的事情，我们师生关系、师生感情一次次饱受冲击、考验与煎熬。

同学们可能会觉得自己很委屈、很无助、很痛苦、很不开心，其实老师何尝不是如此，你们拿不到奖，评不上优，获取不到资助，我从某种程度上来说，比你们更痛苦、更无助、更委屈。一位寓言家曾经说过这样一句话："现实是此岸，理想是彼岸，中间隔着湍急的河流，行动则是架在川上的桥梁。"所以我想请同学们明白，"理想的彼岸"能不能到达关键取决于同学们自己的行动，而不是其他。

首先说说关于活动本盖章的事吧。这么做是为了让所有学生都有机会发掘自己的潜能，发挥自己的特长，展现自己的青春风采。我们鼓励学有余力的同学联系老师，参加各类学科竞赛、大创项目、创新创业项目，发挥特长，提高技能，增加实践能力；我们鼓励兴趣广泛的同学能在完成好学业的同时，积极参加学校、学院举办的各类活动，拓宽自己的视野，增强自己的综合能力；我们鼓励同学走出宿舍、走出网络、参加各类专业社团活动或其他有兴趣的团学活动、各类知识讲座等等，提升自己的文化素养。

同学们可能会说，这是你们老师的想法，我只想学习，不参加活动不行吗，待在宿舍有错吗？

我和同学们分享一下我和儿子的一段故事。我在家吃饭时，要求他不要吃零食，先把饭吃完了再吃零食。吃完饭让他做作业，他一脸的委屈，觉得自己很累。早上叫他起床去幼儿园，我说再不起就要迟到了。他有天可能是被我说急了，生气地对我说："爸爸，我告诉你，你认为吃饭能长身体，那是你的想法，可是我觉得吃糖对身体也好，也能长身体，为什么非要听你的呢。还有，去幼儿园我本来就不想去，迟到是你的事，不关我的事。家庭作业的意思是家里人一起做的作业，为什么我在做，你在看呢。"

不知同学们看到我儿子对我说的话有何感想。一个人在成长的过程中，不同的年龄与阅历不同的人会有不同的认知与想法，产生分歧没有什么奇怪的。就以现在同学们的角度看我儿子对我说的那些，肯定能发现不妥的地方，而这种感觉又或许正如我和你们现在遇到的问题一样。同样一个是幼儿园学生，一个是大学生，如果为人处事完全由着自己的性子发展，这是不可取的，成长的过程中需要一些外力来约束自己、激励自己，让自己养成好习惯。

其次说说关于奖学金指标的事。在南京晓庄学院《学生手册》2014版的33页，2015版的33页，2016版的28页，2017版的37页，都有明确的规定，大家可以仔细阅读一下。

最后再说说关于评"奖、助、免、补、优"的事情。因为我们有盖章的要求，薇薇老师的工作量同时期比其他同事要增加好几倍，她组织人员要对近2000多个章进行核实、统计。在这其中发现了个别学生"能量滔天""智慧过人"，让我难以置信。其实同学们，我们要思考一个问题——我们"评"的到底是什么呢？

向同学们说说我的理解吧，供大家参考。

评的是一种鼓励。尽管评奖学金的同时有非学业因素参考，有活动章的要求，可是同学们要知道，受影响的同学也只是个别。更多的是同学们用自己的努力去学好专业知识，考出了好成绩，靠自己的实力名列前茅。并且活动参与得也很丰富多彩，次数早已超过要求。而我们前面提到有的同学为了活动章达到次数要求各显"神通"，此时我不禁想问，真的有这个必要吗？我们身边不就有这样的同学，他们靠自己的勤奋认真去完成了相应的任务。

他们没有太多的怨言，而是一直在默默地努力，如此也是给其他同学树立榜样。希望大家能学习他们的勤奋，学习他们对自己严格的态度，学习他们的脚踏实地。同时也希望获评的同学们能经得起考验，更加地严格要求自己，让自己变得更加优秀。我们要"评"出这样孜孜以求、默默耕耘的学生，"评"出这样积极向上的学习氛围。

评的是一种情怀。"奖、助、免、补、优"无论哪种，都会出现有人欢喜有人忧。但老师想看到的是同学们立足客观，本着事实情况，每个班能评出广大同学的心声，评出积极阳光的心态。同学们如今是在高校面对各类评比，今后走上社会还会面临各种利益的诱惑。我希望大家羡慕之余不要有任何嫉妒之情，即使有，也是一种认可自己能力，相信自己肯定会通过努力，用自己的行动去证明比他人要强。切不可,自己不努力,还说一些酸溜溜的话，不管是现在，还是未来，这只会让你变得越来越没有本事，越来越让人看不起。我不希望我的学生变成这样一个只会动嘴说别人而一无是处的人。我们要"评"出求真务实、精益求精的人文情怀。

评的是一种希望。评上"奖与优"的同学，我希望你们能在今后的人生道路中不断进取、开拓创新、继续保持良好的学习态度与习惯，去创造更好的成绩。评上"免、补、助"的同学，我希望你们能自立自强，困难只是暂时的，不怨天尤人，不自暴自弃，严格要求自己，为未来更好的自己而不懈奋斗。没评上的同学，不代表大家不优秀，不代表大家就没有实力，我希望你们能找准自己的定位，找出差距，勤勉自己，扎实做好每一天，认真学习每一天，我坚信你们同样是优秀的。我们要"评"出自信饱满、乐观开朗的人生态度。

成功与失败的区别在于：前者动手，后者动口，又抱怨别人不动手。知道该做什么的人很多，而真正去做的人很少。所以，我希望同学们不但说到还要做到，未来才能得到你想得到的一切！

本学期又将进入考试周了，同学们准备好了吗？我还是衷心地希望同学们，积极迎考、认真备考、诚信考试！

主 题　　**早计划、早规划、早收获**

寄件人　　皓 哥

每次落笔的时候还会情不自禁写下去年的时间,然而,现在已经掀开了新一年的篇章。

元旦之夜,我收到了很多你们学长学姐的祝福,发现有的学生开始称呼我为"皓叔"。哎呀,想想自己也是,不知不觉就从哥变为叔了。他们的祝福短信让我想到了在他们毕业之际我做的一件事,开年之篇就倒过来,写写过往的事吧,主要也是符合你们的需要。

我在上个月批改各位的创新创业课作业时,翻看同学们交给我的生涯规划书,我从中看到了一些同学们的具体目标和如何实现的具体过程,还清楚地写明了时间节点。但也有的同学写的内容很空泛。另一方面,正值同学们专业分流结果揭晓的时期,各位将根据自己的成绩去规划自己后面怎么完成学业,不过话又说回来，不管你们转没转成功，早计划，早付出行动，肯定没错吧。

连续几年，我都在学生的毕业季做了这样一件事——和"几类"毕业生做一些离别的交流，主要是想听听他们对这四年大学生活的看法，对自己工作满不满意，对我的一些建议。我觉得那时候的我们应该是很真诚的。每次谈完之后，我会整理下来，作为我今后工作的素材，同时也是为了更加了解现在的大学生。

这部分毕业生有的考上研究生、考上教师编制、考上公务员，有的已经就业，当然也有还在投简历的……和他们的交流让我印象深刻，他们作为即将毕业的学生，和我说的话也是字字真情、句句实感。我想把这些内容分阶段整理好后与在校的学生一起分享，让我们师生一起思考。

在和他们聊天的过程中，我都问了这三个同样的问题。你们的学长们也给出了他们的学习经验，有不同的，也有相同的。我列举一组与大家分享。

我问：你们什么时候开始给自己定目标，认为大学不能再这样虚度下去了？

学生答：我觉得这个是因人而异的，有的同学从大一就给自己树立了目标，但那毕竟是少数，我们多数是在大一第一次考完试开始有了触动，最晚到大二下学期也开始有了转变。因为这时候大家心理状态都会变得成熟些，即过了刚上大学时的新鲜感，该过的舒散生活也过了，又增加了一些即将走上社会的迷茫，大家就开始给自己安排计划，感觉像突然长大了一样。当然我身边也有那种一直没有转变的同学，那么老师你也看到那些学生了，要么干脆让你联系不上，要么就是毕不了业那种。

我问：为了自己的目标，都怎么去努力的呢？

学生答：这是一个很广的问题，我觉得主要看你想成为什么样的人。例如你想从政就专心准备公务员考试，你想在本专业发展就努力学好专业知识。学习一方面可以借助网络平台，但自己也要有选择性，网上资源是良莠不齐的；另一方面就是自学过程，学习这个东西，是循序渐进并且不能半途而废的。我每天都会在空余时间看学习视频、整理材料等，这一点说起来简单，但做起来也是要坚持不懈的。

我问：在这其中你们有过迷茫吗？有过想放弃的念头吗？大家又是如何做的呢？

学生答：每个人在坚持一件事的时候都会有迷茫期，都会想过退缩，怎么克服？在退缩的时候，想想报名考试的初衷是什么？多问问自己，这条路是你自己选择的吗？那你后悔吗？你现在放弃可以，将来你会感到可惜吗？比你有天赋的人都还在努力，你有什么原因不努力呢？迷茫期不可怕，只要你知道自己想要的是什么，一切困难都会迎刃而解。

这三个问题，我原样整理出来给大家看，目的只有一个，就是让大家感受到来自学长学姐的最真实想法。其实也不难看出，多数人的大学生活是相似的，只有少数人是不同的。关键问题在于，如何让自己度过那段时期，让自己能振作起来，找到前进的方向。

第三个问题，我问的初衷就是想让你们知道，学长学姐到了大四能考上研、考上公务员、考上编制以及找到一份合适的工作，这些不是他们等来的而是他们坚持不懈努力的结果。

恰逢你们专业分流，大学第一次考试成绩出炉，我想对你们都算是一次机会吧！所以我希望这封信能促使你们意识到该拿出具体行动规划未来了。需要提醒的是，这个规划可以从一个个小的计划开始不断叠加而成，这就是我们为什么要给大家上就业创业专门的课程。

还想再提醒一下同学们，再早的计划与规划，关键是要靠行动。老师也是过来人，深知付出行动一两天是容易的，难的是如何去坚持。建议同学们在理性督促自己行动的同时，也可以找个精神支柱，就如我上个月到每个班级开班会现身说了自己的经验，同学们此时还记得吗？写到这里，其实我一直想找到一个点。或者让自己的文字功夫再好点，能让自己所写所说更有说服力，能够启发到你们，然后由此深深打动你们，而且是长远地鞭策你们，让你们自此努力下去。在老师能力有限的前提下，希望可以尽最大努力帮助到你们，如今你们又长一岁了，我们的这份默契还能不能延续那就要看新的学期大家如何表现了！

假期开始了,请同学们在休息调整自己的同时,能够读完此信,并能够根据自己的实际情况认真思考,让自己在新的一年可以大步向前。

还有十来天就是中国农历除夕。借此,向同学们表达最真挚的祝福,祝同学们及家人新年快乐,学习心悦,万事如意,阖家幸福!

主 题　**改变自己,从现在开始**

寄件人　皓 哥

　　根据同学们的实际情况,这封信我想谈谈你们的生涯规划。我想说寒假对你们而言不仅仅是休息,还想请同学们抽空考虑自己未来要做什么、能做什么、想做什么。职场上不是有这样一句话吗——你今天站在哪里并不重要,但是你下一步迈向哪里却很重要。成功的人生需要合理且正确的规划,学会规划自己的未来,是同学们走向成功人生的第一步。

　　有的同学和我说自己不是学习这块料,怎么也学不好;有的同学和我说自己不适合学数学和计算机专业,怎么也静不下心来;有的同学说自己不会从事这个专业的工作,学不学已经无所谓了;还有的同学为自己说了很多很多真诚而又真挚的理由。我听了同学们所说的话,感同身受的同时又为同学们感到惋惜。我可不可以这么理解,由于同学们当时在高中没有认清自己,规划自己,没有目标的学习，从而自己没有考出理想的成绩，误打误撞地来到了晓庄，浑浑噩噩地来到了这个学院，稀里糊涂地学习了数学或计算机专业，顺理成章地荒废大学学习与生活，理直气壮地自暴与自弃？

大家习惯性地从生活中听别人说他是这块料，他具有这方面的天赋。很多同学们固执地去相信，各行各业的成功人士天生就是做这一行的，生下来就注定吃这碗饭的。其实不然，同学们！恰巧你们是被类似这样的话束缚了自己、约束了自己，失去了很多发展自己、选择自己的机会。

请同学们看看那些成功人士的成长之路，在他们外在成为卓越的同时，哪个又是天生做得到的呢？我在网上搜索了其中一位成功人士——马云的励志故事。1994年底，马云首次听说互联网，1995年初，他偶然去美国，首次接触到互联网。对电脑一窍不通的马云，在朋友的帮助和介绍下开始认识互联网。当时网上没有任何关于中国的资料，出于好奇的马云请人做了一个自己翻译的网页，没想到，3个小时就收到了4封邮件。敏感的马云意识到：互联网必将改变世界！随即，不安分的他萌生了一个想法：要做一个网站，把国内的企业资料收集起来放到网上向全世界发布。

此时，互联网对于绝大部分中国人还是非常陌生的东西，即使在全球范围内，互联网也刚刚开始发展：大洋彼岸，尼葛洛庞帝刚刚写就《数字化生存》、杨致远创建雅虎还不到一年；而在北京，中国科学院教授钱华林刚刚用一根光纤接通美国互联网，收发了第一封电子邮件。在这样的情形下，远在尚未开通拨号上网业务的杭州，马云就已经梦想着要用互联网来开公司、下海、盈利。这个想法立即遭到了亲朋好友的强烈反对。而今的他已成为国内互联网界的风云人物，乃至风光无限的世界IT名人，被誉为"下一个比尔·盖茨""互联网拿破仑"。

  同学们说说马云容易吗，马云注定是做IT的高人？显然不是吧。所以，今天的你，不要再去谈当初的选择，不要再抱怨自己与所学的这个专业，也不要再为自己找任何借口了。从下学期开始行动起来，先尝试从每天去改变，做到不迟到、不旷课、上课不吃早饭、不玩手机，全身心地投入每天的学习中，我坚信同学们一定会有不一样的收获。

  正如这学期我请的校企合作的行业类专业人士为大家做的讲座，其实IT行业的就业领域与类别有很多，职场也是充满青春色彩的，就业的前景与"钱景"都是很不错的，请同学们在假期内好好思考，与家人谈谈自己的想法，做一些社会调查，并尝试对照自己分析分析。希望每位同学能在新学期伊始，就有个较为成熟的规划，以便大家在新的一学期、新的一年更好地奋斗前行。

居里夫人曾说过："生活对于任何一个男女都非易事，我们必须有坚韧不拔的精神；最要紧的，还是我们自己要有信心。我们必须相信，我们对一件事情具有天赋的才能，并且，无论付出任何代价，都要把这件事情完成。当事情结束的时候，要能够问心无愧地说：'我已经尽我所能了'。"一个人只要有自信，那么他就能成为他希望成为的那样的人。

同学们也不用过分和别人比较。每个人的花期不同，不必焦虑于别人的提前拥有，不用以别人做什么或怎么做作为标准来衡量自己要做什么，跟随自己的节奏走好自己的每一步，做自己的主人更重要。我对杨绛先生的这句话深以为然"无论人生上到哪一层台阶，阶下有人在仰望你，阶上亦有人在俯视你，你抬头自卑，低头自得，唯有平视，才能看见真正的自己"。同学们需要把目光放在自己身上，用平等、欣赏、欢喜的目光看待自己，你会更加自信、从容、出色。当然，我们可以比较，但在比较中，要始终瞄准自己的焦点。海明威曾说："真正的高贵不是优于别人,而是优于从前的自己。"

有了规划,同学们还需要培养自己的执行力。执行力与行动力的区别在于,行动力是立即去做,迅速行动,做事速度快。执行力除了包含行动力,还有对目标的清晰认知和具备达成目标的能力。如果不行动,目标就仅仅是空谈,今天做不成的,明天也不会做好。要下决定把可能的事情一把抓住,一天也不能虚度,而且必须要贯彻执行。有想法时,立刻马上去做,拒绝拖延。富兰克林说:"如果有什么需要明天做的事,最好现在就开始。"只有在实践中去试探,不断反馈、不断调整,才能走向成功。同学们,拖延最大的坏处不是耽搁进度,而是会使自己变得犹豫、倦怠,甚至丧失信心。不管什么事情,决定了就立刻去做,这本身就能使人具有向上的生命力,保持主动和快乐的心情。

那么如何培养立即执行力呢?首先,不要给自己贴上"我是拖延症患者"的标签,一旦贴上标签,仿佛那些拖延行为都具备了合理性。其次,转变稍后就做的拖延思维。同学们可以通过自我提问的方法帮助思维的转换。例如,问问自己:稍后再做会让情绪放松吗?在回答问题中,同学们也许可以找到方向。然后,培养单点式专注力,一次只做一件事。执行力差的人,事情是会不断累积的，未做的事情会带来更多未做的事情，事情积压到一定程度，人就会愈发焦虑。最后，同学们可以做一份高效简洁的to-do-list，根据规划写下你明天要做的 6 件事情，减少决策精力和时间的浪费，避免装扮日程计划的虚假满足。

　　我布置的寒假作业就是你们思考后的"项目书"。我希望能看到同学们诚心的态度，用心的作品，自信的规划，并按项目去实施。同学们只要下定决心，就不要再犹豫，请自信地去做。开学第一周我就会将大家的寒假作业收上来，认真拜读。谢谢大家的支持与配合。

主题　　**伴爱同行，真情不变**

寄件人　　皓　哥

又到年三十了，一年又一年，我真心感到生活的节奏是如此之快。看着窗外有的人开始贴门联、窗花了。小区也拉起了横幅，挂起了灯笼，过年的气息越来越浓了。这也是你们来到晓庄过的第三个春节，我和往常一样，坐在电脑前，用我的方式和同学们唠唠家常，传递祝福。

我一直都是在跑着成长的，以前我特别想让时间过得快些，因为那样我的年龄会和我的长相尽早相匹配，又说不定给人以我十几年没有变化反倒年轻的感觉。所以，我以前真的想快快长大。而如今，年纪轻轻的我，居然有种岁月不饶人的感伤。我在写信的同时也在感叹，这一年年过得真快，自己也是个"奔四"的人了，"皓哥有话说"是不是也要改成"皓叔有话说了"。

我自己想啊，我有这样的想法很大程度得归结于我每天和年轻的你们在一起，感受到同学们的朝气与青春，在做一些你们的工作时也时不时想起我的大学生活、我的老师、我的同学……我真心觉得大学时光就是好，年轻就是一切奋斗的资本。所以，同学们！莫要错过这奋斗的年纪哦！

我想到了《青春纪念册》这首歌："给你我的心作纪念，这份爱，任何时刻你打开都新鲜，有我陪伴，多苦都变成甜。睁开眼就看见永远。给我你的心作纪念，我的梦，有你的祝福才能够完全，风浪再大我也会勇往直前，我们的爱镶在青春的纪念册……"这也是我和同学们说的新年第一个愿望：春节来临之际，希望我们师生的情谊、友情能保鲜、变甜、留念、永存。

即将过去的一年，我想到了同学们对我工作的绝对支持，想到了同学们对我各种要求的理解，借春节到来之际向同学们表示感谢。我也看到了同学们面对自己的不足，而去努力改变与坚持，同学们也确实有进步，变得成熟了，这点让我很欣慰。我更希望新的一年同学们有新的气象，能找到自己的目标，做更好的自己。

同学们仔细想来，我给大家写信的多数话题就是围绕如何成为更好的自己，这是我的工作，也是我想通过各种形式、各种话题时刻提醒同学们，或许同学们早已经厌倦。我只能用"忠言逆耳利于行"安慰自己了,因为你们走的这条路我也曾走过,走得不比你们容易。还记得我当时学这门专业时,我的文化基础是比较偏文的,就像很多同学和我说的一样,可我就是花了比别人多倍的努力,才完成了所有学业任务。我也有过你们类似的心路坎坷,你们想的我都想过,但我就是不断地和自己对话,我要成为一个什么样的自己呢?做更好的自己是我对自己的鞭策,如今也成了我的工作重心和对你们的最终期盼。

即将过去的一年最让我记忆犹新的是我们开展的年级风采大赛活动。作为大三年级的你们,大家改变生活规律,利用课余时间历经近两个月的磨合、训练,到最后的表演,让我真的很感动。活动初期,有的同学很反对,有的班委哭过,有的班委因为排练喉咙都说不出话了。我知道一年来,在很多事情完成的过程中,班委们吃了很多的苦,同学们配合着或者也是被我"压迫"得很辛苦,谢谢你们!在当天的各班表演中,我再次领略到了所有同学们的智慧与努力、自信与对集体荣誉的追求。我想同学们和我有共同的体会:做任何一件事,只要大家用心坚持,共同努力,这一过程一定能产生美好的记忆并感召出共同的荣誉感。在那一刻,每个班的同学们都有这么一个信条:我们是最棒的!

同学们！多么好的经历啊，从一开始的畏难情绪，到最后舞台上的一个都不少，我看了多么欣慰，没有这项活动你们哪能看出自己的实力，又怎么能发现自己是如此地热爱这个班级，与同学相处又是如此得愉快。希望在新的一年里，那份荣誉感，矢志不渝的真情能激励着各位奋勇前进。

我们召开了六次年级会。每次年级会我听了后都觉得自己还有很多要学的知识，还有很多想法要去重新整理，还有很多社会文化与需求我了解得还不到位。这或许会影响我对同学们后面的工作思路与计划。年级会将随着各位步入大三下学期开始逐步减少，我会注重同学们的要求，慎重选择年级会的嘉宾，组织好今后的每一次年级会，为同学们更好更快地成长而助力加油。

我给大家也写了很多封信，虽然水平不是很高，但是我把想到的以及我在书上或者网上看到的都找机会和大家分享了。其实每封信发完我都在看同学们阅读的情况，还记得去年的十月一封信阅读量是有史以来最多的一次，达到了984人次。或许有的同学一年来一个字不曾看过，或许有的同学看了也觉得没有用。新的一年，我还是希望没有看的同学随机找任何一封信看一看，读一读。我坚信你一定会有所得，有所获。

即将过去的一年生活给了我很多幸福、回忆与不舍。生活给了我意外惊喜，让我倍感喜悦的同时也有种生不逢时的感慨，想紧紧抓住，不离不弃。生活给了我珍贵的恩赐，让我全力以赴，尽心倾情，真的非常感谢，非常感谢，我想再多的言语也无法表达我内心的喜悦。

当然，我也有很多不足的地方。工作中自己还是不够注重细节，还是不够稳重，还是不够科学，没有创新意识与勇气。一年来，领导、同事、家人、朋友给了我很多指导、支持、鼓励、帮助，但更多的是对我的包容与理解、关心与关爱。也借此机会，我衷心地向你们道一声谢谢，感谢你们，并由衷地祝你们新年快乐，心想事成，阖家幸福，身体健康！

新的一年，我还将与同学们相伴，相随。真诚地祝愿同学们：学业有成，心想事成，十全十美！

主 题　**知足、珍惜、感恩**

寄件人　皓　哥

　　寒假说过去就过去了，新的一学期说开始也就开始了，作为师生的我们，生活规律、作息时间，都将随着开学、放假这么周而复始，轮回不变。不知同学们是否适应了，是否调整好了呢。

　　新学期的开始，我想和同学们分享我在寒假里对两件事的感慨，因为这两件事对我触动很大，而且每次触动都能让我想到同学们，所以特别想和你们说点什么。

　　毛主席在《沁园春·雪》中写道："北国风光，千里冰封，万里雪飘。"大家都学过，但我想诗里所描写的雪景同学们也在刚过去的寒假中深刻体会了吧。我和大家说的第一件事也就是关于扫雪的事。2018年1月的月初与月末，南京下了很大的雪，大家都认为第二天肯定没法出门了。然而，让所有市民惊讶的是，无论前一天雪有多大、有多厚，南京各大主干道上的积雪和冰碴竟然奇迹般地消失了,路面干净通畅,几乎见不到雪的踪影,大街小巷到处都有插着旗子的"扫雪突击队",一时间成了雪后一道"亮丽的风景线"。"一夜雪无"让南京成为全国网红。

通过媒体报道,也通过自己半夜回家所见,原来"一夜雪无"的背后,是近 10 万军民通宵奋战在扫雪除冰一线的默默奉献。大家第二天顺利通行时,都情不自禁地为部队官兵、城管、环卫工们点赞,为自己所在这个城市感到自豪。在高架、车站、地铁出入口等都有铺设的草垫,很多人通过时,都对一旁的执勤人员说声"谢谢,你们太辛苦了!",而他们要么默默地点点头,笑一笑,要么说着没事没事,你们慢点走。这样的场景,很暖人,很暖心。其实很多时候,彼此的这份尊重、彼此的辛苦付出、彼此的换位思考、彼此的尽职尽责,都为整个国家、社会、所有人群传递着正能量、幸福与关爱。同学们一定要学会珍惜、学会尊重、学会奉献。

寒假中还有一件事,就是一批刚从军校毕业的学员登上了开往分配地的列车,几乎占满整个车厢。一些没有买到坐票的乘客怨声载道,嘟囔着为什么当兵的不给让座,还有乘客在旁附和道:"你以为当兵的会像电视剧中演的那样给你让座?好人没有那么多！"5分钟后火车开始平稳行驶了，只听见人群中传出这样一句话："我们都站起来，给没有座位的人让个座。"国防部也为此事做出了回应。不知同学们是否知晓此事，对此又有什么想法呢？

我和同学们说这两件事，想让你们体会一下在人与人相处过程中，因为岗位不同、角色不同所展现的不同风采。其实我们都明白：在社会相处中，我们彼此没有谁是应该的，没有谁是不应该的。"一夜雪无"背后是多少相关岗位工作人员和广大志愿者的默默付出；我们了解的国防知识中也没有规定军人就要去给别人让座。在我们的认知当中已经习惯了军人所传递的舍己救人、助人为乐、视死如归的情怀，而却忘了，他们也只是整个国家各行各业的普通人。

同学们！你们很快就要步入社会，将成为国家发展、社会进步的重要力量，你们可不能把什么都当成"应该"呀。大家都在谈人性化，都在提倡用"把工作对象当成上帝"的情怀去服务别人。但请同学们要明白，人性化也好，上帝也罢，前提是服务的对象要是一位会感恩、知善良、有爱心、懂尊重的人。如果这些都做不到，而一味地去要求别人怎么样、应该怎么样，就该这样无条件无原则地服务自己，同学们觉得这样合理吗？国家的进步、社会的进步，温暖彼此其实很简单，只要一个肯定的眼神、一句肯定的话、一份永恒的坚持与守护。我真心地希望同学们从现在不断提醒自己，要做到"皓哥"上面所说的，要懂得知足、懂得理解、懂得感恩。

这两件事看似没有关联，但请同学们再细细想想。第一件事，人们都为军人、城管、环卫工等点赞。为什么呢？因为大多数人都享受着他们的辛苦付出所带来的便利，而且可谓历经千辛万苦。大家都看到了，都为他们所动容，从而情不自禁地说着："感谢，你们真的太辛苦了！"近十万军民也感受到了大家的这份情，为自己的辛苦付出而感到值得与满足。

再看！第二件事，但凡对不让座有意见的人来说，即使兵哥哥让座了，他们也会认为是自己说的话提醒了他们，还觉得这是理所应当的。而对于这些让座的兵哥哥来说，初心就是会给大家让座的，但现在倒有种被道德绑架的感觉，不被感谢、不被理解，同学们试着去体会体会，换位思考看看。

同学们！在我们成长的道路上，离不开亲人的陪伴、朋友的相助、老师的教诲，还离不开各行各业更多陌生人的支持与照顾。只是有的认识，有的只是擦肩而过，萍水相逢而已。请同学们在为人处事过程中不要以自我为中心，不要把自己的所得都认为是别人应该给予的。你们做任何事情都要尽心尽力，面对任何人都要怀揣着一颗敬畏之心。

希望同学们从现在就要明白，没有什么是理所当然的，只有更多的换位思考、理解与尊重，才会换取他人的将心比心，才会赢得他人的真心真情。唯此，同学们才会做到真人，学到真知、遇到真朋友。我也希望大家能真的去努力，在实践中传递真爱、大爱。

主题　**学业预警的烦恼**

寄件人　皓哥

每学期开学之初,随着补考的通知,学校各班学生绩点的下发,一项迫在眉睫且十分艰难的工作摆在了我和我的同事们面前——学业预警。

在开展这项工作的过程中,有一名我曾经带的2011级学生突然找到了我,尽管毕业后从没有联系过,当他微信加我好友时,我还是一下子记起了他。因为当年他在学校时,我和他的沟通还是比较频繁的。用当年的话说,我和他说的话,快要赶上对一个年级的学生所说的话了。

还记得他在学校时,一心想着创业,对于学习,或许是各种因素导致抽不开身,又或许是他认为自己不适合学习,所以心思基本扑在创业与就业方面。直至毕业,他也没有完成相应的学习任务。这次找到我,是因为他步入社会想着重新找工作,但几乎他所应聘的企业都需要他提供毕业证、学位证，然而……

我帮他咨询了学校有关部门，因为他错过了时间，已经没有机会再拿到两证了。毕业后经过社会洗礼的他，比在学校更加有礼貌、更加成熟了。当得知这一消息时，我看着他的表情明显透露出失望与失落，但久久不能忘记的是他重复说的一句："还是当年没有好好学，现在后悔都来不及了。"

那天我们一起在北食堂三楼吃了午饭，吃饭间我们谈了很多。我回忆着当初他在上学时，因为"学业预警"我们不知谈了多少次，一次次语重心长与掏心掏肺，我甚至还请过他的家长来学校沟通。他除了冷静地看着我，态度虔诚地对待着我，更多的是他一意孤行地做着自己想做的事。如今谈起来，他除了后悔还是后悔。我半真半假地说："如果可以，我真想邀请你给我现在带的学生去做场讲座。"

大家不要误会，并非我要揭你们学长的短，说到底，我是想用我工作中遇到的典型例子，让苍白无力的语言引导变得更加有说服力、感召力，让你们能够更加重视，做得更加踏实而已。你们这位学长还年轻，以他聪明的资质和他与生俱来的那种谦和与闯劲，我认为他目前的不如意也只是暂时的，因为他和我说他会继续学习，多考证。用他的话讲，步入社会，没有文凭、没有资格证书，对于一个人来说可谓举步维艰。

那天吃完饭，我们简单说了几句我就送他出校门了，我回头看着他离去时，无精打采的他略显疲惫，对于我来说，一位毕业的学生能回学校看看我，应该是很开心的，但我看着他失落地离去，内心真是感慨万千，无言以表……

我感受到了他内心的悔恨与懊恼，可又无可奈何。于我而言，一方面是对他为什么不能早点醒悟回来补休、补考，为什么当年不好好听劝，坚持先把学习学好而感到惋惜；另一方面又对自己没有做好自己的本职工作感到愧疚。面对自己的学生，看到他找工作而没有着落，当年恨铁不成钢的怒气全然消失，更多的是一种自责与心疼。

再看现在，学期初，拿着绩点和你们谈学业、谈职业、谈未来，我自认为说得还是激情满怀、深情以对，但同学们听得显然是那么"无情"。特别是谈到让家长知晓时，同学们异常反对，个别同学表现得不理解甚至是愤怒。

在那一刻，对于一些同学来说，并没有理解我，更谈不上我的谈话有什么作用了，于他们而言我就是在"告状"。其实不然，我也不想，因为寻求家长的帮助那是我工作的最后"一道屏障"，我轻易不会去做。

同学们看到这里，不知内心在想着什么呢。我也曾劝着自己，好吧，就让你们个性地做自己吧。可我现在告诉自己，"不！我要坚持下去。"我越发认为"学业预警"这项工作无论做得有多么艰巨，多么不被同学们理解，我也要做。与其现在同学们恨我、埋怨我，也不能让你们今后回校时有太多的悔恨、太多的遗憾。

你们那位学长也加了我的好友，我写这些也征得了他的同意，用他的话说，就算是给学弟学妹们一个鲜活的例子吧。我不是把他的"事故"当成"故事"和大家在分享，而是我看到他因自己大学时光没有好好学习，现如今为了生存，为了自己更好的发展，有勇气面对自己，决心再学习、再深造，着实让我意识到学习是永无止境的，让我感到将学习压力传导给你们又是多么必要。对于你们，我想着当下的工作能够好好地进行，想着让你们能好好地克服自己不爱刻苦学习的心理，想着你们以后可以不用我多说，时常看看这封信，不断鞭策自己，想着让你们有所思、有所悟，更不要重蹈覆辙。

当然，我也看到了部分同学的进步，本学期成绩出来后，我看到了绩点在 2.0 以下的同学只有 8 人了，2.5 以下的同学只有 30 多人了。只要你们继续努力，本学期结束后，你们一定可以后顾无忧地去实习、去实践。和同学们说这些，希望你们能更多地理解老师开展的"学业预警"这项工作，希望你们能更多地加强学习意识与责任感。你们终有一天也会意识到：步入社会后，没有文凭没有资格证书，真的是什么都做不了。我想同学们也不愿意看到一事无成的自己吧。

正如被称为中国四大演讲家之一的李燕杰所言："在演讲及一切的语言表达中，唯真情，才能够使人怒；唯真情，才能够使人恼；唯真情，才能够使人笑；唯真情，才能够使人信服。"无论同学们是不是怒过、恼过、笑过，是不是真的信服过，请你们都要从"学业预警"中看清自己、认清自己、提升自己、成就自己，做最好的自己。

主题　　**警惕在随波逐流中荒废自己**

寄件人　　皓　哥

同学们在家还好吗？你们每天坚持网上认真学习了吗？你们那里天气怎么样？一切都还好吧！

其实我知道，只要在和大家的问候中掺杂学习的字眼和话题，你们多半是觉得没有意思了。有几位和我十分熟悉的班委就和我说："'皓哥'你这人一点意思也没有，还没有趣味，你和我们说话最大的特征就是像个家长，三句话不离学习。"我看着他们说的话我笑了，或许在一起三年多了，相处得久了，对我熟悉了吧，我想想自己不就是这样一个人嘛！

我想你们大家都是这么认为的吧，但不管你们如何看我，了解我，但我也在改变，我对你们的心是一片赤诚的啊。当前这样的生活现状让我对你们健康生活担心的同时，还让我特别放心不下的就是你们是不是高质量地每天坚持学习了？不知你们现在有没有考虑过或者正在考虑自己的未来？对于你们现在这个年级，这个问题越早思考越有助于自己。与此同时，我想提醒大家：警惕在随波逐流中荒废自己。

1. 拒绝浅层次学习

网络改变了我们的生活，也改变了我们的学习方式。我在与个别同学沟通时，了解到现阶段大家想知道的内容大多可以在网络上查阅，各类网络学习软件或平台也为大家提供了多种学习资料。不禁感慨时代的发展、技术的进步为我们的工作和学习带来了太多便利，但希望大家可以辩证地使用这些资源，真正做到在便利基础上有利于自己，而非一味追求便利却丧失了学习的自主思考。现在有一种很普遍的现象，大家总是花费很多的时间在网络上以求获得学习或备考的经验和资料，然而"收藏从未停止，学习从未开始"，经验贴积攒了一堆，却从未付诸实际行动。希望大家不要只是在网络平台上浅尝辄止，而要唤醒自己在现实生活中的踌躇满志。

在多重比对下选择到合适的平台，会使我们的学习效率得到大大提高。阅读实用的经验贴,有助于我们对知识建立起系统且全面的结构框架。网络为大家提供的学习是即时却琐碎的,而学习本身是一个系统全面且层层深入的过程。如果大家只追求所谓"经验""上岸必看"等内容带来的心理安慰,而不去身体力行以知其所以然,那么只会纸上谈兵落得一场空。

前几年我做过一个关于快餐文化的课题,当时做的一些调查也表明大家在学习方面过多依赖网络。我们身边常会出现一种在任何话题前都可以高谈阔论但往深处去探讨却又"一知半解"的人。一方面是因为时代的节奏加快了,另一方面就是我们可以静下心做事、学习的时间越来越少了。久而久之,导致大家无论是学习还是生活,变得越来越没有耐心了。但是,同学们,我们要对这样的浅层次学习说"不"!人生是一场修行,我们每天的生活是学习更是对自我的修行,我们要在多学、好学的基础上学透、学深,做真正腹有经纶的人,塑造自己的终身学习力。

2. 拒绝低密度信息输入

每天和你们相处,我时常有很大压力。我总担心和你们的共同话题越来越少，为此，我也在学你们所学，尝试你们在网络中使用的软件，看你们所关注的内容。但过了段时间，我发现自己这么久的坚持是徒劳的。因为现在的大数据太人性化了，无论是新闻、抖音、微博等推送的内容都是因人而异的，会随着你个人的喜好为你推送相关内容。我和一些学生谈话时，发现打开同一软件，推送给我和他们的内容是不一样的，我依旧是我……

但是经过一段时间的了解，我也还是有所收获的。我发现部分学生对游戏、八卦、娱乐、综艺等的关注时间占据了日常生活的绝大部分。我深深地担忧着，因为这已然不能称作生活放松的状态了。同学们沉醉其中，除了开心一笑或者形成同类价值观，其实对自己的生涯规划弊大于利。在这样信息密度低的内容中花费太多时间，会不断影响大家的学习与生活，甚至渗透影响身心发展，精神会萎靡，很难积攒奋斗进取之心。

同学们，有时候环境真的很重要。前段时间一位比我年长的领导和我说他开车是坚持听英语的，我当时很震惊，因为我是买U盘听歌的，可他开车都不忘学习，之后的一段时间心里很不是滋味。我想同学们也有过我这样的焦虑，但不能只是停留在有过，我们要一起改正，向前辈学习，向身边的优秀人物学习，合理分配自己的时间，不虚度光阴，用心把握这大学生活的点点滴滴。

3. 拒绝敷衍式处事

不知道从什么时候开始，敷衍成了你们当中一部分人的处世态度，越来越多的同学发展成以敷衍的心态面对如今竞争激烈的纷繁社会。把说了当做了，把人去了当完成了，把复制的当自己的，干活找轻松的做，有风险时找没有责任的，能团队做得更好的喜欢自己一个人敷衍，总习惯性安慰自己该来的总会来、不必争取等。

其实不管什么年龄段，不管从事何种职业，稳定保持激情是十分有必要的。对于大家而言，最好的方法是为自己培养一个好习惯，制订一个明确的计划，学会不断反思总结，更要锻炼自己受挫的能力。躺平者总是耻于问人、懒于问人，然而虚心请教他人可以取得自身进步，除了脍炙人口的"横渠四句"外，北宋大家张载还曾说过这样一句话："假使今日问于人，明日胜于人，有何不可"。希望大家勤学善问，慎思笃行。

敷衍如果成了常态，那么是你们对这个时代最大的辜负，希望大家端正自己的思想，肩负起社会的职责，承担起家庭的责任，勇敢地扛起实现中华民族伟大复兴的重任，让自己成为不可替代的有为青年。

著名核物理学家、我国核武器事业重要奠基人、"氢弹之父"于敏院士自研究生毕业后便一直从事于核武器研究事业。他的思想觉醒自青年起就一直常随其左右，直至73岁时的他仍豪迈直言："身为一叶无轻重，愿将一生献宏谋。"同学们，且将新火试新茶，诗酒趁年华，让自己的精神富足起来！

主题　**为梦想，坚持这一次**

寄件人　皓哥

　　"我决定要考研""我想成为一名教师""我想考公务员""我想成为一名合格的前端工程师""我要做一个卓越的软件工程师""我想回家创业"……开学以来，工作之余，我抽出时间看了同学们的寒假作业——生涯规划，我的心情也总是随着你们书写的情绪与态度变化而跌宕起伏。

　　我将同学们的生涯规划制成了图表，看看你是哪个队伍中的一员吧。

　　我分了几批次认真阅读各位的作业，我也分别在你们规划的最后，为你们量身定制了我的感悟，更多地想让你们知道我看了，我也记下来了，我还用表格做了统计，期盼着你们如愿，当然也算是我的"丰收"吧。

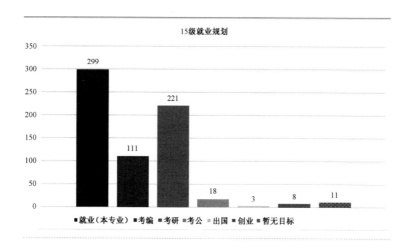

在上交的生涯规划中,有的同学写出了详细的努力计划,有的同学写出了考研、考证、考编的决心,有的同学写出了自己多彩的人生规划等等,但也有的同学真把它当成作业来完成了,其实我想说,这不仅是给我看的,更是给你们自己看的。

同学们会说现在写生涯规划意义何在,我现在哪知道我未来真的要去做什么,怎么知道未来会发生什么,自己的想法会不会改变。

的确,这个问题是存在的,但为什么我还让同学们写呢。请同学们回忆一下,我们从小学到大学,关于生涯规划的演变是不是这样一路走来的:我长大了想做什么、我有这样一个梦想、我要成为什么样的一个人、我的理想职业是什么等等，同学们是否发现不同年龄的我们，在每个阶段都有一个新的梦想呢，虽然一直在变，但是同学们是不是在那个时间段认真努力奋斗过呢。就拿高考选择志愿来说吧，同学们当时可能是因为某一所大学的名气，可能是为了你想去的城市，又可能是为了一份珍视的友谊或爱情等，你是不是曾暗自许诺、鼓励自己，一定要考取那所大学。

那么请问同学们，在这个不断被问又不断在变的梦想中，你们有的实现了又有的或许没有实现，你们后悔过吗？我想多数同学是不后悔的，因为当年的你着实为它努力过，进而是不是发现，其实一个人成长的过程就是在不断规划的过程，这也往往见证了你不断认清自己、矫正自己，使自己步入理想生活轨道的过程。所以不要否定自己现在的规划，不要认为它没有意义。

这次很好的一个改变是同学们的目标都很贴近实际，既有长远的目标也有短期的几个小目标，这点真的很好。说明就业创业课所传授的知识在同学们脑海里生根发芽了。这种不断为自己设立新目标、引导自己向前奋斗的习惯希望同学们可以一直保持下去。

还记得某位同学在生涯规划中写道："好了，话说到这个地方,您可能会对这个年轻人有些许的信任了,这一点很重要。和一个相信自己的朋友说话,远比一个随便翻阅一大批学生生涯规划的老师来得可靠得多。意思是,当您读到这里,您便是我的朋友了。"我看到这里,也小小激动了一下。我当初在布置这项寒假作业时就想过,我要去认真地看,去批注,因为这是我对每位同学最起码的尊重。

不过,尊重是相互的!我希望同学们能按照自己写的那样去做,因为写得再好、再动人、再有个性,那都只是空谈,唯有实干才能托举你的梦想,使其成真。

我想对考研、考证、考编的同学们说,你们要了解自己选择的大学、岗位、类别,对照自己制定的时间表,针对性地认真复习,发奋努力,不要因为一时遇到困难就后悔自己的选择,认为是不是耽误了学习与就业。其实你们考研、考证、考编的复习过程就是不断积累理论知识的过程,即便你在坚持的过程中遇到不如意,也能增加你再次迎考的勇气与找工作的底气,因为具有扎实理论知识的人无论是再复习,还是转为实践能力,都要比一般的学生适应得快些。

我想对志愿服务一线的同学们说,希望你们能正视自己的选择，能吃苦耐劳沉下心去工作，用自己的专业知识去服务地方。对于我们理工科的同学们来说，到地方一线工作，我还希望你们多掌握一些与人沟通的技巧、处理事情的方式方法，这里可以多读书，多培养自己一些社会文化知识。想提醒同学们不要空有一腔热情，因为仅凭热情是无法把工作做好或者做长久的，更多的是需要寄予情怀之中的责任与担当。

我想对即将就业的同学们说，你们要对照自己的学习计划，针对自己的专业领域，学好、学精。并如同学们所言，还要经常找老师去做一些项目，到企业做一些实习，充分发挥周末时间去实践。因为无论是做软件测试，还是做研发人员，都要有一定的实际动手能力，发扬工匠精神。

我想对创业的同学们说，看到大家创业的领域都是关于食品与商铺，没有与我们专业相结合。不是单纯地否定同学们创业的方向。只是想说作为我们专业学生而言，可以更好地将自己创业的思路和这个时代前沿的技术、经营模式有效结合起来。"互联网+""人工智能"等时代或许可以助力你们，使创业梦想更好更快地实现。请你们勇敢地去尝试。

同学们，我们做任何一件事，只有早准备、准备充分了，才会有更多的胜算。关键是计划了就要坚定地去行动。请你们记住：这世上，有一条路不能选择，那就是放弃的路；有一条路不能拒绝，那就是成长的路。新的时代赋予了同学们新的作为，在老师的眼里，你们都是不同的色彩，都是不一样的烟火。

| 主 题 | 行你所行,听从你心,无问西东 |

| 寄件人 | 皓 哥 |

　　时间一晃又到了一年的毕业季,深深感到时间过得是如此之快。还记得去年6月,在你们学长学姐毕业前夕,我和他们中的部分毕业生做了一些交流。这部分毕业生分别是考上研究生、考上教师编制、考上公务员,或者说已经就业的等。和他们的交流让我印象深刻。他们作为即将毕业的学生,和我说的话也是字字真情,句句实感。时隔一年再和同学们分享这些内容也是我计划好的,因为这封信后,我可能不会再和同学们讨论职业规划的内容,在我看来,经过这学期的几封信和我们所做的一些事情,同学们的心里应该都有自己小目标了吧。

　　我和你们的学长学姐聊天,问了三个同样的问题。

一问：你什么时候开始给自己定目标，认为大学不能再这样过下去了？

他们的回答：这个是因人而异的，有的同学从大一就给自己树立了目标，但那毕竟是少数，我们多数是在大二下学期和大三上学期，因为这时候大家心理状态都会变得成熟些，即过了刚上大学时的新鲜感，该过的舒散生活也过了，又有对自己即将走上社会的一种迷茫，大家就开始给自己安排计划了，感觉突然长大了一样。舍友们有的想着如何就业，就开始走出校园去尝试面试，有的则准备了考研，考公务员的也开始自行去复习迎考了。

二问：为了自己的目标，做了哪方面的努力呢？

他们的回答：这是一个很广的问题，主要看你想成为什么样的人，例如你想从政，你就专心准备公务员考试，例如你想在本专业发展，就努力学好专业知识。学习一方面可以借住网络平台，但自己也要有选择性的，网上资源良莠不齐。另一方面就是自学过程，学习这个东西，是循序渐进并且不能半途而废的，每天都会在空余时间看学习视频，整理材料，这一点说起来简单，做起来也是要坚持不懈的。现在看来，只要自己愿意做，心里想好了一定要这么去做，其实也无须老师多言，都会自觉去坚持。

三问：在这其中有过迷茫吗？有过想放弃的念头吗？又是如何做的呢？

他们的回答：每个人在坚持做一件事的时候都会有迷茫期，都会想过退缩，怎么克服？在退缩的时候，想想自己做这件事的初衷是什么，多问问自己，这条路是你自己选的吗？你后悔吗？你现在放弃可以，你会为自己感到可惜吗？比你有天赋的人都还在努力，你有什么资格不努力？迷茫期不可怕，只要你知道自己想要的是什么，一切困难都会迎刃而解。只要你是出自真心地明白此时我一定要做什么，马上就要毕业了，我再不这么做，结果会怎么样，心里有放弃的念头时，多问问自己这些问题，内心会变得更强大也会更加努力的。

这三个问题，请同学们要相信我，我是原样地整理出来给大家看的，没有做任何的修饰，目的只有一个，就是让大家感受学长学姐们的真实想法与心路历程，也想让同学们知道我不是那个"没事就事事"的辅导员。

同学们应该不难看出，在你们学长学姐的四年大学生活中，面对学习他们也有过迷茫。多数人的大学生活是相似的，只有少数人是不同的，关键问题在于，如何让自己度过那段时期，让自己能早日醒悟过来，找到前进的方向。我问的第三个问题，也就是想让大家知道你们学长学姐中，到了大四能考上研、考上公务员、考上编制以及找到工作的，这些不是他们靠运气得来的而是自己恍然大悟后坚持不懈努力的结果。

大家这会就能看出来，我之所以给大家布置作业，又在上一封信当中和大家聊相关的话题，就是希望同学们能沿着学长学姐的经验步伐，每个人能根据自己的实际情况，沿着自己的目标计划踏实前行。并且要明白，定一个目标容易，不容易的是如何让自己排除一切干扰，持之以恒地去努力学习。在我和同学们交流的过程中也发现，每个同学都有激励自己的方法，或许是一件事或许是某个人又或许是某次经历，但无论是哪种，只要想着让自己更好地去做就对了。

也许是因为毕业季的原因，有时写着说着想着就难免有些失落，有人说，世界上最傻的事就是对年轻人掏心掏肺地讲道理。可我愿意，我愿意在你们面前做这样的"傻子"，我也愿意一直在你们面前如此反复地"犯傻"。有时和你们聊着说着笑着又让自己自信起来，或许若干年后，很多同学不会记得我在大学说的话，但没有关系，我相信我今天所做的一切和说的一切，因为我和同学们说的都是心里话。所以，请同学们在倾听的同时，能做点什么或改变点什么。

我还想让同学们充分用好暑期的时间，多去参加或者寻找社会实践活动，自我们认识以来，我就开始写信，你们也在看，对你们的影响我始终觉得是有限的，我也在努力寻找解决的办法。我们老校长陶行知先生早就说过"社会即学校"。作为"陶子"，应当践行这一理念，积极地去实践，去体会一下社会这所学校如何更好地育人，你们从中又收获了什么，开学我们可以相互分享。那时，如果同学们愿意再回过头去看以往我给大家写的信，我想大家一定更加感同身受。

即将到来的暑假对于同学们来说有的去实训与实习，也有的要继续上考研、考公强化补习班,还有的要做项目研发,无论同学们在哪里,抽出时间参加社会实践活动,也请大家注意安全,勤勉自己,照顾好自己,遵纪守法,祝大家假期快乐如意。

大四篇

主 题　**学会真诚**

寄件人　皓 哥

　　老校长陶行知先生说:"千教万教,教人求真;千学万学,学做真人。"我们南京晓庄学院的校训是"教学做合一",这些其实都诠释着一种情怀——真诚。真诚会清除心与心之间横亘着的阻隔,引导心灵共同拥抱美好与真情;真诚会除去难以沟通的障碍,让不同的思想融汇到一起。而作为一名大四的学生,作为一名"陶子",是不是更应该将真诚践行到底呢?

　　"言必诚信,行必忠正。"如今同学们面对纷繁复杂的社会环境,整天沉溺于碎片化的网络世界,这些都会对一个人的价值观和信仰产生巨大的冲击。我们不能行走于这个世界之外,但要学会取舍,也就是守住一个底线,要真实地做自己。我们也不能人云亦云,没有原则。我们真实地过自己的生活,不因盲目攀比而去使用"校园贷""花呗""白条"等。同学们无论是今天的求学之路还是今后的事业之路，只要诚实做人、踏实做事就一定会遇到一个又一个真朋友。

"以诚学习则无事不克，以诚立业则无业不兴。"作为莘莘学子的你们，大家要保持真诚的求学与好学之心、恭敬的学习态度，真诚地对待自己的学业，面对疑难不理解问题时不似是而非、不懂装懂，而能够苦心钻研，去图书馆查阅资料，向老师提问。考试更不能弄虚作假，这点尤为重要，不要有任何的侥幸心理。以一颗赤诚之心对待自己的学业，为自己负责，为自己的人生负责。

"春蚕到死丝方尽，蜡炬成灰泪始干。"自古以来，师生之情都是建立在诚敬的基础上的。真诚尊敬师长，最重要的是我们彼此间能相互理解，这是最根本的。或许老师在与同学们相处的过程中，以"为你们学习，为你们成长，为你们成才"为由而说了重话、气话、伤人的话，在此衷心地恳请同学们多多理解，不要放在心上，因为每次说完之后，老师们难过的心不少于你们，同时也会不断反思与修改。为了你们，老师们愿意花时间精力去做一切。正如今天的教师节，我们想要的不是同学们送什么花、什么贺卡，又或是什么礼物，简简单单的理解尊敬就够了。所以借此机会,祝愿我们师生关系一路和谐,让你们的大学学习生活事半功倍。

"江南无所有,聊赠一枝春。"真诚地与同学相处,是善于发现,是乐于赞美,是关怀与包容,是问候与鼓励,是陪伴与守候。如今的你们或许更多的是习惯于独来独往与寂寞安静。其实我想说,无论是学习还是未来的工作生活,都离不开人与人的合作与交流,离不开朋友的帮助。所以请同学们从现在做起,适当地改变自己,走进班级、走进社团、走进操场、住进大宿舍,融入大集体。不要因为一时的不习惯就退缩逃避,只要你坚持真诚地付出,你就会发现周围的同学是那么的可爱、那么的可亲、那么的可近。

"真诚孝敬父母,是为人立身的根本。"以真心感恩父母,以诚意对待父母。对作为大学生的你们来说,大家要学会自己的事自己做,学会为自己为家人担起必要的责任。做到不因他们声声叮嘱而感到厌烦,不因他们年迈衰老、思想落后而产生隔阂。

真诚对待自己,阅己、越己、悦己。阅己,即欣赏自己的长处,直面自己的短处,认清自己才能重构生活。我们对自己的认知,很多时候都是来自社会比较,或来自周围人的评价。我们往往囿于别人的眼光,而忽略了真实的自己。我们很多人会对自己说善意的谎言,为了保护自尊心而刻意回避或对自己的弱点视而不见,然而这绝不是对自己真诚,只是麻痹与逃避。不妨去发现自己的优势,或许你能换位思考、体谅他人,或许是你学会复盘,经常进行自我反思,抑或是你能够在社交工作中游刃有余……用这些让你骄傲和自豪的高光时刻重新定义自己,你就会找到属于自己的意义。去重新审视自己和周围人的关系,父母的关怀、朋友的关心、老师同学的帮助都能带给你广泛的社会支持,给你踽踽前行时带来底气。

越己,即优于过去的自己。人生最大的障碍不是别人,而是自己。留在原地很容易,但坚持突破自己的人才能看到更多的风景。真正的成长,是不断超越过去的自己。李四光说过:"作了茧的蚕,是不会看到蚕壳以外的世界的。"如果我们躲在舒适圈,就会被严丝合缝的蚕壳遮住了视线,而如果我们不断寻找挑战和改变、努力深耕开拓、勇于剥开束缚的蚕壳、振翅打破阻隔,就能让自己的生活更有意义。

冯唐曾说过:"敢于做自己,敢于表达自己,敢于取悦自己,才能在这纷乱的世界中,站稳自己的位置,活出自己的格局。"

很多时候，我们总想让自己在他人的眼里有个美好的形象，于是我们就根据此定义去训练自己、打造自己、包装自己，竭力去迎合、顺应公认的标准，结果确实有人赞美我们，我们也享受这样的成效。但静下心来独处，我们却又觉得自己变得很陌生，离自己的真性情很遥远，发现自己的神经如此紧张，内心如此焦灼。久而久之，压抑与麻木渐长，冷漠随虚荣共生，因为这里面全然没有对真实自我的审视、尊重和接纳，却充满了对自我本性的无视与压抑。事实上，一个人，不论表现得多好多完美，总有人喜欢，总有人不喜欢。既然如此，我们大可以活成我们自己，活得更本色一点、更真实一些。同学们，不要为了照顾他人的感受，就不表达自己的想法，更不要因为他人的一句不喜欢，就贬低自己的存在。真诚做自己，悦己，是一种很棒的能力。

真诚能够感动一切，愿同学们浸润在真诚的行动中，扫去阴霾与忧愁，绽放出灿烂的笑容。

最后祝愿所有的教师和从事教育的工作者，节日快乐，心想事成！

主 题　　**人生在锲，不索何获**

寄件人　　皓　哥

　　今年的暑假对于同学们而言非同寻常，于我而言又何尝不是。因为这个假期一过，意味着我在晓庄工作已有十余载。真的是情不自禁地感叹时间过得是如此的快。正如我在今年6月写工作总结时所说："工作快10个年头了，学院的名字换了一个又一个，同事也换了一批又一批，在我的同事中出现了教授级的辅导员，也有的同事而今走上了领导岗位。自己也从一名刚留校时的学长级辅导员到如今变成大叔级的辅导员，心中感慨万千。"

　　这种感慨或许是因为10年是如此之快，或许是因为自己带了这么多届学生，或许是因为自己所在学院、同事、工作等诸多变化，或许是因为10年间我遇到了很多难忘的事与特别的人，或许是因为一路走来自己遇到的各种事情让我重新审视了"辅导员"这一职业……

面对自己 10 年来的职业，回忆自己工作往事，再加上个人一些其他原因，假期里我有些彷徨、有些怀疑、有些矛盾与纠结，更多的是莫名的焦虑。所以，我一直在努力寻求解决自己心理各种纠结与焦虑的方法。

心中猛然有一个念头，我想再看一遍《士兵突击》，不知同学们有没有看过，没看过的建议大家可以有空时看一看。《士兵突击》是一部很好看的电视影片，同时也是一本好看的书。作家兰晓龙用一部完全没有现在都市爱情的小说，单纯地用各种情节深深打动了许多人。无论是电视剧还是小说，情节中总能让我感觉看到了身边相似的人或相同的事，也让我看到了自己。

许三多！在村里别人叫他"三呆子"，他自己的父亲叫他"龟儿子"，部队的战友叫他"许木木"和"傻子"，上级评价他是一个"孬兵"。也就是我们眼中评价的那种做什么都不靠谱都不行的人。可就是这样的一个人，最后成了大家仰慕的"人中尖子"，部队堪称的"兵王"。许三多之所以能有最后的成功，一方面是他遇上了人生中一位又一位可靠知心的良师益友，尤其是史班长；另一方面是他自己真的沉下心去脚踏实地地去努力、去奋斗。

成才！大家公认的天资过人，各项考核都名列前茅，但在第一次进入老A的考核中也正因为自己过分聪明，思考得太多而出局了。当时袁朗与他的对话真可谓句句经典，成才不服气，但在袁朗的一次次情景再现中，骄傲的成才意识到自己的不足——他眼里只有自己，除了自己还是自己，心中的战友不简简单单是战友亦是竞争队友。还好，他在袁朗的教导之下，彻底改变并成长起来，在第二次老A选拔中获得成功。

其他人物同样有很多值得大家推敲、学习、感知的地方，我不再一一列举了，之所以列举许三多和成才，是因为他们俩有着鲜明的对比，又有着截然的不同，但他们都进了"老A"，而在过程中，却出现了反差，天资聪明的成才并没有如大家所愿一路顺风，首当其冲地让人器重，成为理想中的"兵王"，被看作一事无成的许三多却靠着自己理解的"不抛弃""不放弃"，一路成长，一路进步，一路坚持一路感动了身边所有的人，最终成了人人敬仰的"兵王"。

同学们想想是什么改变了这一切，你们又有何感想呢？

部队、战场、训练场其实都可以把它理解成是一个单位、一种职业、一项工作。对于同学们而言，你们此时正在一一体会。

如今而言，你们如何选择岗位、选择自己的职业，又如何选择自己在这个职业中具体从事什么，曾经看似遥远的事情现在就摆在眼前了，有的同学是早已确定，有的到现在估计还是"骑驴看唱本"吧。

我想说你们来到了毕业年级，更能感受到选择有时并非让自己都满意，但请同学们一定要学会"许三多那样的坚持与努力"，试想，有多少人每次选择都如自己的心意呢，有多少人心中想要的就一定能得到呢，有多少人在别人看来既天资聪颖又一帆风顺呢？我们更多遇见的就是普通人，普通人变得不普通在于他们比你规划得早，坚持得久，努力得多。

同学们！步入社会后不一定要立志做出多么惊天动地的大事，而是要努力坚持认认真真地做好你经历的每一件事。无论结果是不是你所期望的，都要心无旁骛地做下去，你期望的结果说不定就在下一秒等着你。

当我再次看完《士兵突击》后，人物性格表现与各种情节触动我重新审视和回忆了10年来自己走过的路，自己所做的事与遇到的一位又一位知心的领导、同事、朋友，还有朝气蓬勃的同学们。在这一过程中，我找到了自己的问题，发现了自己的懒惰，认清了自己的职业现状与困境。

就业对同学们来说好像是件可怕又难的事，职业对你们来说又好像是件新鲜又无从认知的概念。但时间会促使你们不断成长，你们要把握好这个成长的过程。年轻对于一个人来说是资本，但又或许是一个人不经意间挥霍的理由。所以，对于刚步入社会职场的你们来说，对照自己，想想我说的，一方面努力工作，一方面不断学习与反思，不断矫正自己，让自己养成良好的做事习惯与优秀的做人品格，未来的你一定会出彩。

希望同学们放下包袱，敞开心扉，轻装前行，注重团结协作，真诚待人，眼光要放得远一些。你身边优秀的人是你学习的榜样，努力的方向，不要嫉妒，更不要怨天尤人抑或自暴自弃，潜心做自己该做的，把握自己能把握的，珍惜自己拥有的。

主 题　**正视自我，迎接未来**

寄件人　　皓　哥

相信同学们现如今无论是偶尔回校园漫步，还是在外实习，一定有种不想长大、害怕长大，却不得不长大的矛盾心理吧，总困惑自己怎么就稀里糊涂地工作了呢！成熟的年纪与不够成熟的心理交织在一起，让同学们苦恼、茫然。

其实大四的学生们都有这样的心态变化。还记得我当年步入大四时，学校并没有要求我们在第七学期就完全在外实习。无所事事的我走在校园里，颇有一种自己是老大哥的感觉，也就是你们所说的即将"下架"的伤感。

还记得那时已经没有课程学习的压力了，每天睡到自然醒，其实和同学们说句真心话，在毕业季，又有几个人能睡到自然醒，以往睁眼就能看到舍友，如今小宿舍里就剩下我和另外一位同学，那种心情无以言表。我每天都是早早醒来，一日三餐也是食不知味,我不想待在宿舍,那会儿还没有图书馆大楼,我就去实验室写着论文,也焦虑地在网上寻找着各类招聘信息。看着别的同学有时间就在外找工作或者已经在外实习,自己却不知道找什么样的工作、去哪找工作,那种迷茫与焦虑,亦如此时此刻的你们,至今难忘。

"能胜强敌者,先自胜者也"——同学们要自信,你们对大学四年级的学习、工作预期肯定比我那时要好。如今信息化的时代,拥有一部手机似乎拥有了全部,你们无所不知、无所不晓,但这样的知晓是不是有点肤浅了呢?再看当下流行的"浅文化",凡事浅知、浅做一下即止,但漫漫求知路,需躬耕求索,将知识化为自己的能力,将博识化作自信的泵机。当面对眼前的一些困惑与茫然,可以想想我们所学课程中的相关知识,活学活用,我们常说"知行合一",切实地去做一次,你会自信很多。此外还要多与老师、学长沟通交流学习经验、生活经验。知人者智,自知者明,请实习的同学们安心实习,在校学习的认真学习,充实自己,建立自信。你们可以有"车到山前必有路"的心态,但更要以"凡事预则立,不预则废。言前定则不跲,事前定则不困,行前定则不疚,道前定则不穷"的状态为人处事。

"不积跬步，无以至千里"——同学们要静思，少些焦虑，停止内耗，给自己来一次"量身定制"。暑期期间，同学们通过电话、微信、QQ等问我一些问题：我怎么这么快就进入大四了？我们还要去学校吗？是不是实习完就工作了？从来没有写过毕业设计与论文，不知道从哪开始请教老师，也不知道从哪开始做等等。同学们是不是也有过这样的感觉，特别是在高考前、期末考试前，以及你认为对你十分重要的事情节点前。同学们如此在乎就对了，因为你们知道大四对各位意味着什么，你们问的问题对你们而言意味着什么。其实同学们不必事未做就先设想，为什么不选择冷静下来认真思考呢？你们可以尝试低下头踏实去学！对照自己现在的基本情况，先迈出第一步：学业方面还有没有"bug"未解决，如果有，那就抓紧时间付出比其他同学更多的努力，赶紧解决，不要让自己留有遗憾；如果没有，那就一心一意实习、强化专业技能或者安心学习迎接各种考试、面试。不要简单地情绪化地伤感自己已经大四了，快毕业了。这种由于即将离开母校学习生活方式的突然转变而带来的心理落差和不安可以有，但不能一直内耗下去。更多的应是让自己心态平和下来，制订好自己的学习计划，抓住当下，学会沉淀，认真对待每一天，充实每一天。

虽然坚持的过程会让同学们痛苦，但梅花不历寒冬，如何傲雪独香；宝剑不砺坚石，又如何凌霜自利。在成功的路上这种痛苦是必不可少的，也是值得的。

"沉舟侧畔千帆过，病树前头万木春"——同学们要正视自己，要让自己的心理与年龄同步成长，学会选择，勇于面对。从另外一个角度来看，同学们作为大四学生，应该高兴才是，因为你们终于不用再靠别人养活自己了，终于"江流入海"融入大社会里感受"海阔凭鱼跃，天高任鸟飞"。我在这里还是要提醒一下大家，大四毕业了，一定要努力找份工作，照顾好自己，孝敬父母，善待朋友。你们现在的学习就是为了更好地工作，工作就是为了更好地享受自己向往的生活。从这点上看，以学习为主体的身份转为以工作为主体的生活这一状态，不管我们如何选择，那一天终会到来，所以请同学们一定要对自己认真起来，正视自己学习生活方式的转变，积极应对，勇于面对。

"一个人有责任感"一句看似平常的称赞，我想提醒同学们的是这句话重点在于后面的"感"字。责任感不仅仅是责任，更多的是感受责任，所以在生活中不是嘴上说负责就可以了，而是要亲自感受自己应该负起的那份责任。一般人往往不去衡量自己的力量，只是一副正义凛然的样子拍胸脯表示愿意负责，却没有顾虑到现实的后果。我们时时刻刻都离不开责任感，对家庭的责任感、对工作的责任感、对社会的责任感、对生命的责任感，一个缺乏责任意识的人是难以值得信赖的人。责任感能激发自我潜能，在每个人身上，都潜藏着无穷的力量，如果每个人都能把寻找借口的时间用来积极主动负责地做工作，就能不断挖掘自身的潜力，就能拥有更加美好灿烂的明天。

  所以，请同学们不要做这样的"一般人"，而要真心实意地对待当下的学习生活，脚踏实地地努力奋斗，做个名副其实的有责任感的人。

主 题　　**不遗巨细，脚踏实地**

寄件人　　皓 哥

这段时间以来，我接二连三地遇到许多同学问我如下几个问题：

"老师，我这个考研复习的大纲好像自己看错了……"

"我这个选修课上次没来得及选，我现在……"

"我的成绩好像查不出来……"

"我在图书馆借的书好像丢了……"

"我找到了工作，现在能不能去工作，不去实训，也不回学校了……"

"老师，我的论文……"

"老师，我实习时……"

…………

听到同学们问我的这些问题，我心情有些复杂。有对同学们信任的感谢，也有对同学们的一些无奈。你们焦虑的心情我感同身受，但我很不解也不认同你们处理事情的心态与方式。

我感受到同学们开始认真对待了，真的是着急了，所以你们也是一遍又一遍，一次又一次地问我。

我的回答、解决的结果可能不怎么让同学们满意，在这里我也恳请同学们多多理解，未能为你们排忧解难，我感到很抱歉。

当你们把问题告诉我后，有的我直接给出了结果，而我更多的是做了以下两件事：一是和你们一起分析这个问题该找谁会更快解决；二是和你们一起讨论有没有其他的解决思路和办法。

为人处事都讲究一个心态和方法，这是做好一切事情的前提。心态决定一切，方法决定了你做事的效率。有好的心态与方法，可以让事情处理得得心应手，事半功倍。

当下你们遇到的问题更多的是来自学校，更多的是面对老师。我曾说过，在你们成长的环境中，除了你们的父母也只有我们老师会不厌其烦地重复回答同样的问题，为你们一次次的错过、我以为等买单。可是，同学们你们进入社会后，可就不是这样了。

所以，我想给同学们几点建议：

1. 诚心付出，事小不轻为

很多问题都是平时的小事没有及时处理或完成不到位而造成的。而在我们平时的生活中，要将工作中的每件小事情处理好，就好比盖房子打地基一样，只有将地基打牢了才可能盖更好更高的大楼。所以，请同学们不要认为小事无所谓，这种处理事情的错误态度一旦形成了，长此以往，就会验证了那句古训——小洞不补，大洞吃苦。"日日行不怕千万里，常常做不惧千万事。"在平淡琐碎的时光里不断地坚持，成功就是由无数个努力的瞬间积累起来的，量变会带来质变，日常小事也可以锻炼自己的心态，随时随地、每时每刻都可以提升自己。只有在日常生活中多注意磨炼，在各种事情上锻炼自己的应变能力，让自己心境逐渐处在一种十分稳定的状态下，才能锻炼出遇事不慌不乱的素质。最慢的步伐不是跬步，而是徘徊；最快的脚步不是冲刺，而是坚持。慢慢努力，慢慢积累，同学们就能不断收获美好。

2. 专心致志，事杂不乱为

专注力是指将意识集中于某一特定事物和活动的时候的心理状态，也是个体通过情绪和行为的自我调控来让自己主动并全心地投入既定目标、完成目标的一种品质。专注力可以帮助同学们积极投入任务中去，高效地完成任务，也可以增加内心积极的感受。当全身心投入某件事情中，会感觉时间流逝得特别快，感到内心特别得满足且充实。同学们可能发现，有时自己越忙事越多，好像所有事商量好了一起来，进而觉得心情烦躁。人浮躁了，会终日处在又烦又忙的应急状态中，神经紧绷，效率低下，长久下来会被生活的急流所裹挟。这就要求我们在做好每件小事的基础上，再上升一个层次——做事要有逻辑顺序。我们尽可能将每件事做得不留下任何"尾巴"，做任何事都要心中有计划：哪些事先做，哪些事后做，重要事情优先处理，一般事情利用碎片化时间随时处理；可办可不办暂缓处理，紧急事情立即处理。当我们工作后，其实有的事情形成了经验后，不要等着去做，而要主动去做，这样即便有新的情况、任务出现也不会打乱自己的阵脚，也就是人们常说的——"人无远虑，必有近忧"。

3. 用心思考，事急不盲为

　　同学们还要养成遇事先思考的习惯，有些事情不急于马上去办，尤其是领导交办的事，先用心思考一下，这件事该怎么办？同学们是否有这样的经历：学习时，我们总是为了逃避真正的思考，把时间更多地花在了没有效果又无意义的抄抄写写上，以获得虚假的学习满足感。因此，很多时候我们以为的"忙"，其实未必真的有效，因为不走心的努力，最后都是徒劳无功。比勤奋更重要的是用心思考的能力，如果我们领到任务后，立刻去做，这点从态度上来说是值得肯定的，对于一般不复杂的事还可以应付，但对于较大的事，再那样去做就让人觉得有点随便了，还容易出现重复工作，或许还会走弯路。但经过思考、理清思路后，那就要学会马上办、用心办。这就是我们常说的——"业精于勤荒于嬉，行成于思毁于随"。

4. 潜心努力，事难不怕为

　　做事最怕遇到的是难事，不仅你们如此，其实人人都如此。

同学们害怕做难事可能源于对未接触事物的不自信、不擅长领域的自卑。我们遇到难事后，不要想着去逃避，也不要害怕碰壁。当注意到自己开始逃避时，学着接纳自己，你要有这样的思想暗示：事总能解决的，只是比一般的事要复杂而已，需要我们付出更多的努力。把思维重新聚焦回当下要做的事情，保持积极进取的态度。再者，难事的根本原因在于涉及的面和复杂程度，这就要求我们学会第一时间找准方向，找准可以请教的人，然后自己再潜心研究。正如古人云："锲而舍之，朽木不折；锲而不舍，金石可镂。"

这些做事的道理放眼如今同学们遇到的问题，它们其实是一样的。同学们努力去改变、尝试，如此下去我想你们如今遇到的困惑与难题在今后的工作中会变得越来越少，即使有，你们也会懂得如何解决。

在经历了这些之后，我希望同学们为人处事变得更加成熟稳重，步入工作岗位后能更加得心应手。

主 题　　幸福"百味"

寄件人　　皓 哥

在大年三十给你们写信,这已经是第四个年头了,尽管随着你们的放假,我写的信阅读量在下降,或者说不管在过去的三年你们是否读过我写的信,于我而言,我还是想写,还是会继续写下去,因为这是你们在南京晓庄学院的最后一年……

过年,说的更多的应该是幸福吧。这封信!咱们就聊聊幸福吧。

我们在见面聊天、通话交流、送往离别时都会说些祝对方幸福的话,那么幸福是什么呢?同学们想要的幸福是什么呢?每个人对幸福的理解不同、需求不同、追求不同,往往也会改变一个人、左右一个人。可以说一个人的幸福观将会影响到职业观和价值观。

谈幸福,可能年龄越长越有见解,越有说服力,因为他们的经历与阅历也会帮助他们对幸福理解得更加深刻。你们即将要毕业步入社会了，我将我个人对幸福的理解分享给你们，或者说希望你们在树立自己的幸福观时有所参考吧，既是一种相互学习，又是一种给你们送祝福的方式。

1. 守住平淡的幸福

　　苏轼在与友人同游时发出"人间有味是清欢"这样的感慨，意为人间真正有滋味的是清淡的欢愉，寄予他平淡清旷的生活态度。平淡是一种安宁，是一份从容。当你们步入社会后会发现，在年复一年、日复一日的生活中，无论是你们经历的感情还是人与人之间的关系，乃至一份工作，最终都会趋于平淡，平淡后的稳固更需要你们去守住。我们要学会偶尔停下脚步，等等那个气喘吁吁的自己，学会在任何事情面前都要以心平气和的心态去对待。把握好每一个当下，专注于眼前的事情，自然会水到渠成，收获你想要的人生。活在当下是我们最好的选择，与其纠结于过去，不如好好把握当下时日，过好眼前的生活，不让今天的事成为明天的遗憾。静下心来，活好每一刻，向着人生的目标出发，你终会遇见更好的自己。

平淡的幸福是长久的幸福,所以说你们要有一颗平淡的心,不要认为自己年轻,有大量的时间和无数的资本去挥霍,其实不然,平平淡淡的日子才是生活的常态。当然,平淡不代表平庸,而是希望你们不要瞎折腾,不喜好张扬,不随波逐流。为人处事"不以物喜,不以己悲",多一份正直与宽慰,少一点虚伪与纷争。

2. 抓牢奋斗的幸福

青年奋斗在于"纸上得来终觉浅,绝知此事要躬行"的实践力;青年奋斗在于"千磨万击还坚劲,任尔东南西北风"的坚韧心;青年奋斗在于"长风破浪会有时,直挂云帆济沧海"的大气魄。大学时期之所以被赋予了无限可能,是因为这是人生中生命力最旺盛、最富想象力、精力最充沛的时期。韶华易逝莫辜负,奋斗方能成就熠熠生辉的青春。

当你们步入社会后,有了一份工作、有了固定的收入,可以支配着自己的生活,你会发现——幸福是五花八门的,但脚踏实地的奋斗是唯一的。所以,为什么要抓牢呢?年轻总要去拼、总要去闯,或许这一过程还会走一些弯路、错路,但只要是自己一步一个脚印走出来的，这些弯路与错路就会转化为你成功的资本与能力。试想，你习惯于随大流，没有自己思考与学习，那么走错了路以后你会怎么样？你会再次回到原点，发现什么都没有给自己留下。孟子曰："天将降大任于是人也，必先苦其心志，劳其筋骨，饿其体肤，空乏其身，行拂乱其所为，所以动心忍性，曾益其所不能。"如今更是如此，你们身处新时代，更要严格勤勉自己，一切竞争与生存压力都是那么大，你们只有自己去奋斗，掌握真才实学，那样得到的幸福才是保值的。

我们身处的新时代，是真才实学皆可出彩的"大舞台"。然而，当今社会知识迭代更新不断，外界挑战层出不穷，这也对大家的能力素质、远见卓识和爱国情怀提出了更高的要求。无论是"家"的责任抑或"国"的担当，青年大学生都应当锐意进取，以勤奋学习成为青春远航的动力，以增长本领成为青春搏击的力量。青春建功新时代，当代大学生要有"天将降大任于是人也"的时代使命；要有"欲与天公试比高"的热血豪迈；要有"苟利国家生死以，岂因祸福避趋之！"的爱国情操。站在迭代创新的历史舞台上，我们求真学问，练真本领，立鸿鹄志，抒家国情！

3. 坚守健康的幸福

在这样一个信息飞速发展的互联网时代,你们的生活水平在不断提高,生活需求在不断增加,生活观念在改变,但忽视了对身体健康的关注。身体健康是生命中最为重要的资本,没有健康的身体,任何物质、学业都是空的;没有了健康,不仅给自己身体上留下遗憾,也给家人带来痛苦!

要养成健康的习惯,健康的习惯是任何有益于你的身体、精神和情绪健康的行为。这些习惯改善你的整体健康状况,让你感觉良好。这就需要改变你的一点思维方式。但是如果你愿意为了改善自己的健康而做出牺牲,那么无论你的年龄、性别或身体能力如何,影响都可能是深远的。

回首你们大学四年的生活,熬夜、抽烟、酗酒等等,你们还没有步入社会就基本将伤害身体健康的所有坏习惯都养成了。当你们步入社会后,你们生活的现状与学校最大的区别就是你不可能再像在学校一样,那么任性地做自己,你开始有来自工作、生活、人际关系等压力。所以,你们一定要善待自己的身体,随着年龄的增长而去更加爱惜你们的身体。这话说起来简单,但做起来很难，我也不例外，时至今日，我也会因为体检报告而去逐渐约束自己、改变自己。你们还年轻，请好好坚守年轻的健康身心，因为这是你们幸福一辈子的本钱！

幸福没有固定的答案，它会因人而异。有时候幸福也很简单，可能是一瞬间的感动、一时的满足、不期而遇的团聚等。同学们还是要守住该守住的，抓牢该抓牢的，坚守该坚守的，记住身体是革命的本钱！

主题　**志存高远，勇于开拓**

寄件人　皓　哥

再见面，同学们又增长一岁了！

不同年龄的人从不同的出发点感慨时间过得很快，近来走在校园里，听到有的同学说这时间快得感觉没放几天假就开学了；有的同学说这时间过得我怎么都快要毕业了；有的同学说这时间真的催人老啊……不是故意去听，或许是因为开学才见到同学，大家说得很激动，声音也很大，当然也有可能是真的感慨这时间不等人啊。

又是新的一年，时间一晃就这么一年年过去了，这种感慨不想有，但现如今是天天有，无处不在。

随着网络的飞速发展，各种高新技术的问世改变了我们每个人的生活，孕育出了很多新的生活方式，层出不穷的新概念、新词汇，好像只要一天没有去学习就会被这个时代淘汰，身处做新时代大学生教育工作的我，日日惶恐，不知你们有没有同感。

正如前段时间出去学习，有位专家所说："以前我们是三岁有个代沟，而如今不要以为我会说三个月，而是三天，甚至夸张点三个小时就有可能产生代沟。"于是他又在PPT上放了10个图标，让我们看看能知道几个，我看了看，默默地低下了头，好像能知道个"×音""××相机"，其他我都不知道，顿时觉得自己落伍了，真的要成为这个时代的"大叔"了。

你们在面对网络生活时，个个信心饱满，聊天新词层出不穷，而且什么都能聊，现在还有什么云饭、云恋、云养宠物、云追星等等。同学们在回我信息时，有时我还说你是不是打错字了啊，同学们说"你OUT了"。我这会儿才明白，原来是我被这个时代淘汰了……

让我再次感慨，如今的生活只有你想不到，没有你做不到的。"互联网+"背后是万物万象，开放的、共享的时代，大家都乐享其成。但如今这个时代也是一代代人创造的，一切的新都是由过硬的技术支撑才得以实现。

说到这里，我又想到了去年10月份，你们看！感觉像是才发生不久的事情，现如今我却要用"去年"这个词来形容了。我们参观了江苏省改革开放40周年图片展，展厅里展出的40年前的老照片、老物件,你们看了是不是觉得很新奇,有没有一种"穿越时空"的感觉。你们应该能感受到来自衣、食、住、行、用等各个方面的变化吧。

这些变面从侧面反映了我们国家发生的变化,社会所取得的进步。最有感慨、最有发言权的是处在当时的那一代人,他们的亲身经历、热情投入使得他们对如今生活感慨万千、倍感珍惜。正如我在参观过程中,身边的老爷爷老奶奶们不断在感慨,"现在的日子多好、现在这个时代多好、现在的国家政策多好……,要是我当年……我肯定……"我当时听了这些话就特别想和同学们分享。

现在同学们所感受的网络世界,各种"云+生活方式"与以往的那种"画饼充饥"是截然不同的。前者体现的是你们的自信与分享,可谓是各种情感的综合输出。后者则是重在精神层面的鼓励,满足身体的需要,算是输入吧。但不管怎么样,都是那个时代下那代人的智慧结晶,并且被广泛运用,可谓人的力量与智慧是无穷的。

忆往昔峥嵘岁月稠,看今朝富丽的生活。活在当下的我们,既是这个时代的追梦者,也是这个时代的圆梦者,现如今的生活,更是各种前沿技术的集成。同学们不要误以为你们只是这个时代的幸福拥有者，其实在我看来，你们所处的时代，竞争压力更大，更具挑战性，你们更是改变这个时代的创造者。

于你们而言，生于这个时代是幸福的，社会更加进步，技术也更加先进，你们的起点也更高。如此一来，你们站的高度也不同，所以你们时刻要有种被科学知识淘汰的压力，在享受中找出自己努力的方向，在经历中不断刻苦学习，在幸福中孜孜以求，不断强大自己。

在你们求进、求上、求新的过程中，心中还要一直怀揣着"吃水不忘挖井人"的情怀。不能因为享有现在的一切，不能因为自己没有经历，不能因为过去的艰苦卓绝而轻视、忘记过去。不可偏见地认为他人、别国等都是好的。正如一句话：当你站在2楼的时候你往楼下看全是杂乱一片，当你站到20楼再往下看时全是美景，所谓人的高度不同眼界也不同，高度决定了格局。不是说这话就一定说明了什么，但人站的高度越高的确越有深度、越有内涵。这里指的高度不是指测量的高度，而是指你的思想、学识、眼界。

我们身边的人与事在不断地变化，社会在不断地进步，你们有变化吗，想变化吗？走出校园是你们蜕变的第一步，走出去与"走出去"是不一样的，前者是你只是走出了校园走入了社会，你告诉自己我毕业了，我能工作了，剩下的呢？你要做什么，你能做什么，你会做什么？后者则是体现你们有自己的想法，有自己的目标，能坚定地努力前行。没有真才实学，你们或许很难融入社会的各个方面。这也才是低层次的要求，对你们而言，更要开拓自己，在新时代中创造更多的"新"，让一代代中国人生活得更加先进、更加幸福，让我们伟大的祖国更加富强。

我之所以在这个月和大家聊这些，是因为我希望你们在步入社会后，通过自己的再努力，成为拥有渊博的文化知识和精湛的专业技能、胸怀祖国、肩扛重任的人。

未来等待你们去创造，时代急需你们去创新。所以，你们当志存高远，脚踏实地，这一年，是你们各奔前程的一年，更希望是你们梦想成真的一年。

主题　　**我深深地爱着晓庄**

寄件人　　皓　哥

2004 年，我迎来了人生的一次重要抉择——高考志愿的填写。也就在那时，南京晓庄学院第一次走进我的生活，走进我的世界，通过查看资料、阅读招生简章，我开始对她有了初步的了解。随着了解的不断深入，晓庄悠久的办学历史和文化底蕴深深吸引着我，进而还发现身边的许多老师都是从这所学校或这所学校合并之前的三所学校之中毕业的，内心的敬畏和崇拜之情无以言表。于是我在高考第一志愿中坚定地选择了南京晓庄学院。

最终我如愿拿到了南京晓庄学院的录取通知书，至今还能够回想起当时的欣喜若狂之态，我和晓庄的情缘就此开始了。

2008 年，我有幸留校工作。自打那刻起，我在内心许诺：一定认真努力，辛勤工作，以感谢晓庄的再造之恩，感恩老师的教诲与培养之情。也是从那刻起，我与晓庄又一次紧紧相依。她不仅仅是我的母校，更是我赖以生存的家园！

如今，我和晓庄已相处了15个年头。

15年来，我见证了晓庄从平地到如今一座座高楼，从黄土一片到如今的绿树林荫，从零星几栋教学楼到如今各个学院楼和图书馆等等变化，这种与晓庄在新时代共同成长的感觉，使我内心欣喜万分又充满祝福。

15年来，我经历了晓庄80、90周年校庆。从参与者到组织者，我每一次都竭尽所能，每一次都是激动不已，脑海里还憧憬着晓庄100周年校庆、110周年、120周年……想着想着，就情不自禁地问自己，那时在一位位优秀校友返校的场景中，我会在做什么。

15年来，一届届"陶子"学业有成离开晓庄各奔前程。从当初由各个二级学院举行独立毕业典礼，发展为在学校音乐厅分批分段举行全校毕业生毕业典礼，再发展为如今在规模5000多人的江宁体育馆统一举行毕业典礼。每当听到颁发学位证书的背景音乐时，内心总有股暖流涌动，让我十分动容。无论是触景生情回想到自己当年毕业的场景，还是为如今晓庄不断扩大的办学规模与实力的增强而自豪，均让我一次次在那样的场合情难自拔。

15年来，一砖一瓦可辨当年，一草一木可叹情怀，一朝一夕可谓艰辛。学校在江苏省本科第二批次高校中录取数据名列第一，一届届"陶子"就业质量逐年提升，考研、考公、选调生、出国留学人数不断增加，师资队伍与科研水平得到跃升。一代代晓庄人，在谋求晓庄事业新发展的道路上，谱写了一曲曲可歌可泣的壮丽凯歌。

15年来，角色的转变、岗位的变化、工作的职责，让我有幸"携手行知路，共创新征程"。作为晓庄人，感恩母校，回报母校我有近水楼台先得月的契机，然而对于母校的感恩与回报也不是只有来到校园才可以发挥。我想母校对所有晓庄人的嘱托就是：步入社会积极作为、爱岗敬业、报效祖国，在校园当勤奋学习、刻苦钻研、健康生活。来到晓庄我们常挂在嘴边的一句话——今天我以晓庄为荣，明天晓庄以我为荣。借此机会，我衷心地希望所有晓庄人能为此初心不改，孜孜以求。母校在期盼着你们，等你们荣归晓庄！

感恩是我们生活中永恒的话题，它源于对幸福的感知。学会感恩，你便学会了热爱生活，这是一种生活态度，更是一种处世哲学，是一种智慧。同学们，在我们每一个人的成长道路上，都收获了太多的关心与帮助。感恩父母，是他们赐予了我们宝贵的生命，给予了我们最无私的爱；感恩母校，是她给予了我们四年的陪伴，来自五湖四海的同学也给我们同样的温暖；感恩祖国，是她带给了我们安宁，创造了无数奇迹，让我们懂得了美好生活的来之不易……不论当下还是未来，不论未来你们走得有多远，都希望你们懂得感恩，力争做到知恩于心、感恩于行，抓住生活的每一个小确幸，做一个与爱同行的幸福人。

我们要时刻保持清晰的头脑，努力依然是我们今后的主旋律，我们要在最美好的时光保持自己的期望，哪怕在三十岁、四十岁的时候，面对"未来想要做什么"也能自信地说出那些美好的梦想，正是这些对未来的期望让我们拥有前进的勇气，即使被生活打压也能昂扬着头继续奋斗，在一片"躺平"的时代洪流中，逆流而上，走出属于我们自己的路。与此同时，专注自身、提升自己，不被外物的负面情绪所左右，才是带给我们快乐的真谛。永远不要忘了生活，做一些你认为快乐和有意义的事，用一颗快乐的心去拥抱世界吧，世界也会用温暖的阳光回报你。快乐是上天赐给我们每个人最公平的礼物，珍惜它才是人生的真谛。

晓庄将会见证你们的青春，当你们脸上的神色不知不觉由稚嫩变得成熟时，晓庄也在和你们一起成长。你们与晓庄之间的感情，早已是血脉相连，永不分离！所以，请记住，不管你们毕业多久，母校永远都会默默地祝福你们，期待着你们为国家的富强建功立业！

海阔凭鱼跃，天高任鸟飞。亲爱的同学们，请你们记住毕业不是永别，而是又一次的扬帆出航；毕业不是终点，而是面向新生活的开始。无论身在何处，无论走向何方，这里是你们永远的家！请不要忘记晓庄对你们的殷切期望与真挚祝福，期待你们能弘扬优良校风，锐意进取，以出色成绩展现晓庄学子的风采！

在每一位晓庄人的心里都会有南京晓庄学院的专属位置。在这里，一代代晓庄人有过青春多彩的生活，有过天真烂漫的快乐，有过顶天立地的人生理想；在这里，一代代"陶子"由稚嫩走向成熟，给自己的人生定位，明确职业发展规划。在这里留下了每一位"陶子"的青春岁月与花样年华，她让每一位"陶子"的梦想得以开花结果。今天晓庄迎来了92岁生日，衷心地祝愿她未来更加辉煌，桃李满天下！

主题　　**反求诸己，三省而行**

寄件人　　皓　哥

前不久，我和一位学生聊天时偶然谈到了学业绩点。我自认为和你们相处了四年，说话可以随性点，然而我言语间的很多字眼却被误解为"不关心""看不起"。实事求是地说，他于我而言，是位关系十分熟悉的学生，所以也就像"熟人"般，我省略了对话中很多寒暄环节，但遗憾的是谈话效果没有想象的那么好。

后来经过了解才知道，我的这位学生当天正好身体极度不舒服，加上学习方面不是很顺意，所以心情不怎么好，而我又正好谈学习的事，还谈得那么直接，就让他感到没有人理解他，没有人关心他。他呢，也干脆不把我当外人，把所有的情绪都给了我，所以我们彼此就……

这件事也"惊动"了班主任老师，班主任老师的一句话让我思考良久。班主任老师是这么对那位同学说的："于我而言，我把你们看成是'孩子',可在杨皓老师眼里,却把你们看成是'兄弟',因此,很多就不一样了。"

班主任老师的这一番话,让我对自己进行了深刻的反思!也想和同学们一起分享我的思考,希望我们师生虽身处不同的角色亦能共勉,也希望对于正在步入社会的你们有一些帮助吧。

凡事"客气"点。在我思考的这段时间,可能有些对号入座又或是故意尝试以此去验证自己的思考逻辑。因此,我在和家人、朋友、同事的沟通过程中,也用着不同的方法与不同的对象沟通。很明显,不管是多亲、多近的人,你只要客气点,他们都会更容易接受点,效果也会更好点。千万不要误以为是关系很熟悉的人,就可以不加掩饰地随着自己的情绪去说话、做事。其实仔细想来,真的是如此。试着问自己,情绪控制不住就一定要表现在和别人说话或做事上面吗?当然,我和那位学生的沟通,并不是说我心情不好拿他出气,这点请同学们放心,我只是把他当成了熟悉的学生而少了些客气,其实后来再仔细想想是可以先从关心关怀开始,再慢慢进入主题,这也是人与人之间沟通的常态嘛。所以,我想告诉你们,现如今你们的工作和学习中难免会遇到不顺心的事,但无论对方是亲人、朋友、同事,又或者是位陌生人,无论关系如何,你和他说什么做什么,记住客气点总没有错。

凡事"谦虚"点。在我反思的过程中,我意识到自己和学生处久了,言语间有"资历"的感觉又有"老师"的态度,可我同时也应该发现,你们也在不断长大,很快就要步入社会了。但这里我要强调,我从没有不尊重过任何人,因为,于我而言,你们才是我所有工作的根本。当我反思到这点,进而不禁问自己,其他方面呢?会不会因为长期的工作习惯,会不会因为很熟悉而忽略了很多必要环节。这些只有同学们清楚了,如果有,欢迎大家来给我批评指正。我在提醒自己的同时也想告诉你们:说话、做事任何时候都要谦虚点,无论你的年龄大小,也不管你在这个行业做了多久,又或是说你从新手变成了师傅,任何时候保持"谦虚"总没有错。

凡事"谨慎"点。有时情绪就是如此,你让自己处于什么样的环境或者状态,生活就会适应你的需求。人们常说习惯成自然,在反思的这段时间,我正好遇到一项工作,自己就想当然地处理了,也就是这样的"自认为"导致我被领导批评了。原本从这学期开始,我的生活就"十分充实",使得我一段时间以来过得很累。我在不断调整的同时,也在不断地自我反思,想来还是自己的问题。说到这里，我特别想和你们表达的是，说话、做事不要想当然，尝试站在对方的角度去思考，尝试为对方再多想一点，谨言慎行，会让自己的人际关系变得更好，做事也能事半功倍。希望同学们不要随着自己身处环境的逐步熟悉而轻率了自己的言行，因为对于一个成功的人来说，无论何时何地，都该做到"谨慎"。

凡事"看淡"点。凡事都不必太过执着与用力，得之坦然，失之淡然。人生会有很多正向时刻，也会有很多负向时刻，当发现自己这一时间段都是负向时刻，被无力感与负面情绪裹挟时，可以根据个人情况，给自己留下个人空间调整，或者找老师、朋友，沟通疏解情绪。凡事只求尽力，不要完美主义，因为很多结果的呈现，并非自己可以决定。享受当下的过程，哪怕结果不尽如人意，至少在这个过程中获得了成长，不留遗憾。

我在读《人性的弱点》这本书时，读书笔记中记了这么一段话——人人都有一种内在的价值感、重要感和尊严感，伤害了它，你就永远失去了那个人。而当你爱上一个人，你也就造就了他，而且，他也同样爱你、敬你。人的心理是很微妙的：当一个人说"不"，而且真心如此，他的整个身体，甚至自己都进入一种抵抗状态之中；相反，当一个人说"是"时，就绝无撤退的行为发生，他们整个身体是处在一种前进、接纳、开放的态度中。

  所以,我们无论是说话还是做事,都要让对方感到被尊重,而要做到这一点,我们在日常与人相处时,言行间就要多些客气、谦虚、谨慎,做到真正地倾听,放下心中已有的想法和判断,一心一意去体会他人,不仅仅是用耳朵来听诉说者的言辞,还需要全身心地感受对方在谈话过程中所表达的言语信息和情感传递,形成有效沟通,从而让对方发自内心地说是或者愿意。如此,我们定会收获不一样的人生与人际关系,从而更加自信与快乐!

主 题　"自卑与逆境"背后的"自立与自强"

寄件人　皓哥

　　前段时间学校学工处组织了一次培训，让我们每个人都可以选择一本书进行阅读，我一眼就选中了《自卑与超越》。之所以选择它或许是一段时间以来的生活让我情绪有些跌宕吧，但在我心里一直都想找个机会，在你们毕业前能和你们聊一聊类似的话题。

　　你们回想一下，在平时的生活中，当你们遇到工作、学习、感情、生活等方面的如意或不如意之时，内心的变化是什么？

　　试想当自己处于逆境时，你是不是会觉得自己无能为力，情绪低落；怀疑自己、怀疑人生，进而内心开始产生焦虑、暴躁、自卑等消极情绪呢。

　　再想想处于顺境时，你是不是觉得自己能力超群，自我陶醉，感觉世界是美好的，人生是美好的，进而内心开始产生憧憬、期盼、自信等积极情绪。

而这样的心理变化如果能够相互交替则是最好不过，特别是我们的顺境状态在不断进入像编程语句般的死循环，这是人人想要的，令人身心愉悦。如果反过来，逆境在不断死循环呢，试着体会体会，你们会怎么样，你们的人生又会怎么样？

这学期我经常选择坐地铁1号线到底站，然后步行来学校，所以在路上的所见所闻也多了起来。某天在地铁上，偶然听见学生们三五成群地在讨论自己的生活费和去过哪些地方游玩，显然，各方面条件好的同学一定是谈话的主角，话最多，大家都十分羡慕地听他讲述曾经去过的地方、品尝过的各种特色小吃、领略过的各地风土人情……旁边有类似旅行经历的同学偶尔说上几句，其他的同学则一言不发只是单纯倾听。

其实在工作中我也发现类似的现象，一个宿舍里有5位同学的手机都是同一比较昂贵的品牌，只有一位学生的手机很一般，家里条件也不是很好，可是他最终通过各种方法也买了一部同品牌手机。交谈之余，他觉得那样才生活得自信，学习得踏实。

还有次去学生宿舍检查，我发现一位同学正在打游戏，我问他有没有课，他说没有。我接着问其他同学去哪了，他说可能有的去图书馆了,有的提前去教室看书了。于是我就纳闷了,这位学生内心是多么强大,其他同学都去学习了,他处在这样的环境中,为什么不去和他们比比学习,打游戏有没有压力、有没有一种自卑感呢。我想,他的坦然,让我已经知道了答案。

那么问题来了,我们更多的自卑与逆境来源于哪方面呢?

当我们在生活和感情方面感受到"自卑和逆境"时,我认为我们要用自己的长处和别人比,不要总是用自己的短处和别人的长处比。一个人的精神气很重要,你们要努力做到让自己每天都精神饱满。如今的你们朝气蓬勃,要每天充满自信,每天都做个心理暗示——我很优秀!我很棒!我可以的!

当然,我更希望同学们感受到的"自卑与逆境"更多的是来自学习方面,同学们不要说我这个人没意思,说什么都能谈到学习,因为这个时代,让各位比学习不是为了要比出一个高低,而是想着你们个个能学业有成,那样"自卑与逆境"会远离各位,即便有,你们也会用自己的智慧合理去解决。

你们当下的身份决定了你们的首要任务是将心思放在学习上、就业上,其他无关紧要的方面少关注点,那么一些不必要的烦恼肯定也会少些。而且,我认为在学习方面找到自信也是最容易的，于你们而言，你们不会有其他方面的太多苦恼，可以专心致志地学习。换句话说，在学习上找到了自信，我相信你生活在大学校园里，每天都会充满阳光。

我们身边有这样的学生，他们在努力地准备考研，考研的人都知道，随着自己书看得越多、练习做得越来越多，会不断发现自己知识掌握得不够全面，越看越慌，甚至比没有看过的还要没底。于是这样的学生很苦恼，因为他觉得自己学得没有效果，又看到周围考研教室里的同学，他们学得很认真、很努力。自己又不好意思占用学习时间来麻烦他们帮助自己排解压力，从而越想越苦恼。家里人体贴地说不要有压力，考不上没关系。但很显然，此时的他，已经努力很久了，又怎么会轻言放弃呢。

遇到这样的情况，我们可以放松一下，什么都不要想，也不要怀疑自己，静下心再找一些曾经做过的题目，找一些自己复习比较扎实的科目做做题，你会发现，你什么都会，你会找到一些信心，然后再慢慢加点别的科目的题目，不要急，可以定一些小的、可以实现的目标，人是需要自我调节和鼓励的。书看得多、题目做得多，肯定是在扩大你自己的知识面、知识结构和知识深度，遇到不会、不懂是很正常的，所以同学们要明白在学习的这条路上，只要继续坚持，肯定有不一样的收获。

我们还遇到这样的情况，有的学生出去面试找工作找了许多次，要么递交简历杳无音讯，要么就是直接被拒绝。可是他们感觉自己还是很努力的，想不通原因。当看到身边的同学开始向老师要三方协议，就更加有压力，觉得自己一事无成。

这样的情况应该很常见吧。我们是不是应该先静下心来，找身边已经找到工作的同学，咨询他们简历的做法，探讨现在行业需求有哪些方面呢。然后再调整下自己投简历的方向，借鉴别人好的做法。其次把自己的简历多投一些小公司，先不要讲公司规模，现在你们更需要的是工作经历。

李大钊先生曾说："青年之字典，无'困难'之字，青年之口头，无'障碍'之语；惟知跃进，惟知雄飞，惟知本其自由之精神，奇僻之思想，锐敏之直觉，活泼之生命，以创造环境，征服历史。"

我希望同学们无论是现在还是未来，不管自己从事什么职业什么岗位，遇到不如意不顺心都能学会不断调整自己，用自己坚毅的品格选择逆流而上，自立自强，那么各位一定会成为这个时代的佼佼者。

主题　　**不恐慌、不卑亢、不虚度**

寄件人　　皓哥

　　我们每个人对健康是如此向往，真实地验证了那句话"健康才是革命的本钱，没有了健康等于没有了一切"。但我们又是那么地任性，在自己没有生病或者还年轻身体好时，又很少有人去呵护自己的健康，想着去维持整个社会的大健康。直至这次……

　　连日来，新型冠状病毒感染的肺炎疫情惊动了全中国。从党中央到各级政府都高度重视，联防联控，全面投入这场阻击疫情的战斗中。对于大多数的同学们来说，你们开始关注健康同时也被限制了自由。

　　面对网上流传的各类关于疫情的信息，同学们更多关注的是什么呢？是相信那些没有经过考证而来的各种谣言，还是相信官方权威部门发布的信息。也不知道从什么时候开始，对于官方发布的消息，大家总认为被"和谐"过，对于权威部门发布的信息，总认为是"不够权威"。宁可相信那些谣言,因为这些谣言符合一些人的心理——事情说得越严重,才越可能真实。于是大家紧张万分,纷纷跑到菜场、超市、药店买各类物品,尽管家里已经有很多,也不管三七二十一,一股脑都买来囤积在家里,所谓的有备无患正好和谣言一拍即合。可是同学们要明白,事实的真相源于科学,源于战斗在一线的权威人士科学求索过的客观事实,而不是盲目揣测、人云亦云。钟南山、李兰娟等院士都给出了权威的说法,所以,请大家不必恐慌,亦不要随意听信谣言,积极配合当地政府、学校发布的各种通知信息,科学认知疫情、防控疫情。

对于此次疫情的防控,国家迅速做出了有力回应,速度之快、规模之大,举世罕见。从确诊病例的行为轨迹追踪、排查,对涉及相关区域的人员采取必要的隔离措施,到现在我们施行的每日汇报制度,涉及途径地、体温状况、交通方式等。同学们不要误解,不仅仅是我们,从幼儿园、小学、中学,到各单位、乡镇街道,都有严格的每日汇报制度。此举说明了,我们国家在应对相关公共安全事件例如本次新冠疫情时所做的联网防控体系日趋成熟,并非是简单地理解为疫情发展到什么地步。我们应乐观地看到,在一线有专家和医护人员辛苦工作抵抗新型冠状病毒的同时，全国人民也正在积极配合着群防群控。对于同学们而言，你们也要能定下心，居在家中，不要认为自己周边地区没有疫情，不会那么巧合地感染，就到处乱跑。这时你应该知道，居家就是对自己、对家庭、对整个国家负责。

特殊时期，不给别人添麻烦，就是我们目前能给这场抗疫战争做出的最大贡献。例如我自己，从正月初四开始就感冒，我哪都不去，生怕给别人添麻烦，破天荒地觉得自己生病就是罪过。初四之前和我接触过的家人、朋友都会问我：你今天好点没？发热没有？咳嗽没有？或者有其他类似的症状吗？我压力很大，也谢谢朋友们的关心。所以，请同学们能在家守得住寂寞，守得住自己，守得住健康。我们要增强自我保护意识，勤洗手、多通风、戴口罩、讲卫生、不串门、不聚会、适量运动、合理作息、均衡饮食，认真做好各项防护工作。在增强自我防护意识的同时，发挥榜样作用，用自己正确的行为举止带动身边的家人朋友。除了做好身体防护外，心理防护也很重要，要及时关注官网、官微发布的消息，不信谣、不传谣，做科学的防疫者；要保持健康积极的心情，乐观向上，充满正能量，共享新春喜乐。

在朋友圈看到好多朋友发的"一觉醒来假期又变长了",看到朋友发的"在家睡觉睡得都感觉不会走路了",看到朋友发的"十分怀念逛街、花钱的感觉"……看了之后,我想这主要是因为大家只看到了疫情给大家带来了长假期。可同学们想想,长假期的背后是什么?是更多的陪伴!你们从上学到工作,看看身边行行业业的人,他们有多少时间能陪伴家人左右,有多少天可以和父母多说说话,唠唠家常。现如今你们在家天数多了,如果只是简单理解成:换个地方休息,躺在家里睡觉,终于有时间打游戏,那么就辜负了这段时间赋予你们的更多意义。休息完了可以陪父母说说话,睡醒了可以帮父母做家务,游戏结束可以思考以后的目标和规划。

就像面对这次疫情,人们对健康和自由充满空前的渴望。没有对比,就没有珍惜;没有失去,又哪知道珍贵。同学们不要等事后再想着去弥补,抓住现在的每一天,多陪伴家人,多锻炼身体,多学习和掌握生活自理的常识和能力,多思考大学期间和未来的目标和方向。与此同时,我们也看到了中国知网、维普中文期刊都开启免费模式,其目的就是让宅在家里的人可以继续科研、学习。所以说,同学们应该规划好每天在家的学习时间,时刻让自己保持学习意识。疫情会很快过去，但同学们的学习热情要保持下去，所以请大家每天不要忘了学习，如此安排，才能为新学期打下坚实的基础，你"宅"在家的生活才会依然精彩。

疫情无情，人间有爱。"岂曰无衣，与子同袍"，我们要坚信，没有中华民族过不去的坎，中华民族骨子里就有"一方有难、八方支援"的共克时艰的优良传统。众多医生奔赴抗疫一线去守护这个世界，由于长时间的超负荷工作，很多一线医护人员的脸被口罩和护目镜压得伤痕累累。他们为了不上厕所，甚至不敢喝水，穿戴纸尿裤工作，而这样仅仅是因为脱卸一次防护服就要经历27个步骤，会花费很长时间，而在抗疫战斗中，时间就是生命，他们不舍得浪费，要把更多的时间留给治病救人。尽管这样，他们仍然乐观豁达地说："这些刻在我们脸上的印痕，会成为永恒的记忆。"这些人逆行而上，奔向疫情第一线，他们坚守前线，挑灯夜战，不计回报，不论生死，甘于奉献，用"中国速度"与疫情赛跑。

疫情的阴霾挡不住四面八方的阳光，在疫情面前，全国上下都在拼尽全力。一场疫情，让我们看到了太多人与人之间的温暖与善良。没有停不了的风雨，没有散不了的乌云，在前行的路上，每一个人都不是孤军奋战。作为中华儿女，只要我们万众一心、众志成城，就一定能很快打赢这场新型冠状病毒感染的肺炎阻击战。

爱和希望，比病毒蔓延得更快。冬将尽，春来临，中国加油，武汉加油，同学们也要加油！

主题　**你们的健康是我最大的关切**

寄件人　皓哥

　　戴口罩、勤洗手、常通风等这些词现在几乎成为我们口头禅,从最初的不适应到现在慢慢接受,所有的改变让我们每个人深深意识到——拥有了健康才会享有自由,健康比什么都重要!

　　我至今还记得在正月初三出门买东西时,大街上几乎看不到几个人,看到零星几个人也都戴着口罩,你们明白那种感觉吗?按照往年,这个时候大街上应该是车水马龙、人流不息,可当时店铺大门紧闭,小区进出全部严查、严控。我内心对往日出入自由、人人面带微笑、相互走亲访友、轻松舒适的生活是何等期盼。

　　很多人都在等可以自由出门的时机,盼着尽快弥补上我们的传统习俗——拜年,我想你们也一定如此。然而,等到正月十五都没有进一步的消息,此时大家宅在家里的心态也渐渐发生变化,总觉得有些不自在,从最初的新鲜感到长期不能随意出门,工作也迟迟不能开工，大家都开始有些坐不住了。我看到了网上的各种评论，我也在每天关注着你们的动态。

无论是微博还是小视频都能看到国人的生活智慧——开始"云+（饭、游戏、打牌、养宠物等等）"。起初我适应得还挺好，在家除了吃吃睡睡，也没什么烦恼，如此反复，用当时最流行的一句话就是——这是国家批准我这么做的，所以我们都认为是理所应当且理直气壮。可是时间久了以后，我也开始觉得这样的日子似乎使自己更加懒惰了，于是我开始给我的生活"加点料"，比如我为了不出门而达到日走万步的目标，就从客厅走到卧室再到厨房，如此上午、下午、晚上各走40多分钟，一边走一边配合着拉拉胳膊、抖抖腿，穿着睡衣且动作浮夸的我还吸引了对面住户的关注，我心中暗想，是我动作太丑被作为反面材料了呢？还是把我作为正面材料引导他们的孩子也要有规律地生活？我也只能自己在心中想想罢了，为了自己的健康我一直这么坚持着。

大家有没有发现，人有时就是这样，按照以前我们恨不得天天在家什么事都不做就是吃和睡，认为那样的生活最"幸福"。可是防疫期间真的这么要求大家生活时，开始觉得吃得难、睡得累，日夜期盼着外面的世界。等到走出去了，看不到熟悉的街区场景，映入眼帘的都是戴着口罩的"陌生面孔"，进而大家又心生感慨，懊恼若早知今日，又何必当初，一定会特别注意饮食、注意生活、注意卫生、注意保护自己。

同学们，我好像明白了些什么，那你们呢？吃和睡是大家生活最基本的需求，与此同时，生活还需要自己去描绘色彩对不对？对于健康不能只停留在嘴上，更需要实际行动去维护、去爱护，才会拥有对不对？个人所谓的生活自由，一定是在国家安全、社会安定的大环境之下才能够得以保障的对不对？我们每个人只有坚持守住生活法则，坚持理性生活，养成良好的生活习惯，我们或许才会迎接真正的自由。

再看看我们现在的生活，防控疫情让我们学习和生活方式都有了改变，但是防疫、复学不仅仅是一句口号和一个形式，关键是我们是否真的在扎实地执行一切防疫政策。防控疫情要求大家少出门、少聚集、少活动，我们做得怎么样呢？云学习的背后我们在做什么，想什么，学到了些什么呢？尽管我每每说这样的话，你们可能都会觉得没有意思。可是想想我前面说的，如果失去这样的年华，想重新再来是绝对不可能的，我们何不做狂欢的创造者，而偏要去做后悔的落寞者呢？最美的日子不是歌欢酒畅，也不是闲看落花，而是以梦为马，把每一寸光阴轻轻地踏过。青年人唯有不懈奋斗才是最精彩的！

此外，我们也注意到，疫情防控期间也有各种不理解的极端行为。同学们的生活里也有着这样那样的不和谐事情在发生。可同学们想想，从疫情暴发以来，乃至现在的国际疫情形势，你们想到了什么？如果人人都去追求自己的自由，都不愿意被约束，都不愿意被规范，那我想说，我们所想要的自由也不复存在，或者说把指日可待变成了遥遥无期。

我非常急切地希望同学们意识到只有整个国家、整个社会安全了，我们所谓的自由生活才能是长久的。特别希望同学们能明白这一点，当下所做的一切努力都是为了尽快给大家自由自在的生活和健康快乐的学习环境。

人处于世，总归是要融入周围的环境，不断去尝试适应。希望我们一起努力，把眼光放长远一点。作为新时代的大学生，不要把自己变得超级利己。通过这次抗击新冠肺炎疫情，相信大家应该明白，唯有国家强大、社会稳定、大家团结一心才有可能拥有幸福和快乐，而这一切又离不开每一位国人深厚的爱国热情和高度的法纪意识，我相信同学们一定可以做得更好！

不要因为走得太远，忘了我们为什么出发。我们生于自然，立于社会，离不开周围的事物与生活的环境。你们是新时代的弄潮儿，当下的考验是为了你们将来更加优秀，是为了你们更加有实力去创造新时代青年奋斗史。最近天气变化无常，希望大家可以做好自己，照顾好自己，耐心一点，不图一时之快。彼时，光阴不负；此时，岁月如初。

祝各位一切安好！

主 题　　**再难也不要停下努力的脚步**

寄件人　　皓 哥

六月,是让人依依不舍的月份;六月,是个多情的月份。毕业的"甜"、就业的"辣"、离别的"酸"……我们尝尽五味杂陈。

我们都不想说再见,但那一天毫不留情地向我们走来,仍然改变不了你们即将毕业的事实,改变的是原本你们与晓庄陪伴的日子变得少了,原本随时敞开的校门让你们回家变得有些波折,原本情意浓浓的离别活动与祝福如今变成"云+X"。所以,无论是现实生活,还是网络上都流行这么一句——我太难了……

这一年注定是不平凡的一年,你们也注定是南京晓庄学院不平凡的一届毕业生,无论外界有多么大的改变,但请你们相信,只要是有利于你们就业、有助于你们毕业,我们的工作从不改变,老师对你们祝福、期盼的心也不会改变。

我太难了——这句话诠释了我们这个国家正在经历前所未有

的困难，反映了各行各业正在经受的艰难岁月，表达了我们每个人在疫情下生活的真实感受。你们就像即将展翅飞翔的雄鹰，当下或者将来要承担起建设国家、发展社会以及照顾家庭的重任，面对你们即将走上社会，"皓哥"想再叨叨几句。

1. 树立梦想，胸怀祖国

　　人处于逆境时，最需要的就是有一个明确的梦想，应该说它就是支撑自己前进的动力与精神支柱，它不一定伟大，却一直伴随，也可以从一个小目标起步。于你们而言，无论是步入社会还是转入更高学府，都要树立一个梦想，越是艰难的岁月越需要，这是不断让你获取前进力量的源泉。梦想树立及实现的最高峰应该是祖国，也应该始终在我们的心中。"杂交水稻之父"袁隆平先生就是这样的人，在人们吃不饱饭的时代，袁隆平先生发誓一定要研究出一种高产的水稻，让自己的同胞吃饱饭，确保中国人的饭碗牢牢端在自己手中。"立根原在破岩中"，足履实地、不畏艰苦、大胆创新，种下"禾下乘凉"的梦。一滴水不入河、不入海，它终究不会壮大，也必将失去自己。一个人如果不在一个伟大的国家和民族下生存，那么也必将不被人尊敬，不会有大作为。于此，想对拥有新身份的你们说，不要迷失自己。

2. 崇尚科学，终身学习

中国有句俗语——荒年饿不死手艺人。当下怎么理解呢？一方面，正如这次抗击疫情，正是一批批具有专业技术的白衣战士和科学家们冲挡在一线，从防疫、医治，再到科研攻关，而所有的这一切离不开知识、技术、科研能力。从这一点来说，我希望你们要去崇拜各行各业的科学家们，向他们学习，以科学为美。另一方面，这句俗语反映了任何环境下，只要你有真才实学就一定能够生存下去，而且会生活得很好。所以我想说，希望各位能立足岗位，工作也好学习也罢，都能兢兢业业地去努力，还要学以致用，掌握一项本领。在学习的道路上不要轻易满足于现状，特别是你们所处的这个时代，一天不学习就可能与别人有差距，且只有不断学习才能增强自己的本领，提高自己的综合能力。

3. 追名逐利，不失自我

　　人职百行，立于万岗。竞争与生存这两个词在你们步入社会后一定会让你们刻骨铭心，当今时代发展迅速，任何行业任何岗位都会要求一个人不可替代。为此，对于同学们来说就要尽职尽责，不断努力。不过，同学们，人奋斗的道路上有各种追求是很正常的，不是有这么一句话——不想当将军的士兵不是好士兵。如果同学们把追名逐利用来鞭策自己勤学笃行、积极进取，如此一定能促使你们早日实现自己的梦想。反之，为了追名逐利而不择手段，损人利己，我想无论哪个时代都不会容忍这样的人存在。所以，我希望各位行大道，立天下。

4. 知足常乐，团结和睦

　　知足常乐折射出的是一种生活方式和思想境界，人生于世，做到这点又谈何容易。大家对衣、食、住、行以及其他方面的一些物质的自我要求在不断"水涨船高"。于我而言，同学们做什么都要知道适可而止和量力而行，把自己的心态调整好，别让自己时刻处于很高的欲望状态下工作、学习,唯有这样,你们才会在不断前进的道路上享受生活、懂得生活、健康生活。不仅如此,我还希望你们与家人、同事、朋友相处时要互相理解、相互尊重、团结协作、和睦相处,人际关系的和谐一定有助于各位的事业发展。

千言万语,说易行难,关键是未来的路还是要你们自己去走。生存必定存在竞争,但方法一定要光明磊落!你们的发展一部分受制于这个时代,但更多的那部分是靠你们自己打拼和努力得来的。在此,衷心地祝福同学们,愿你们前途似锦,心想事成,身体康健,阖家幸福。

5. 砺能笃行,脚踏实地

同学们还需要具备"千磨万击还坚劲"的砺能笃行,既然学有所得,就要努力践履所学,使所学最终有所落实,做到知行合一。我们通常说,谋定而后动,三思而后行,但是在思考的过程中,我们做事的勇气可能会一点点被消磨掉,人都有惰性,过度的思考只能带来拖延,而"三思"又是自己拖延下去的绝佳借口,于是事情就一拖再拖,最终等到拖不下去的时候,才仓促行动。

而行动起来的时候才发现,有很多问题是在行动中才呈现出来的,而此时,已经没有足够的时间和耐心解决这些问题,只能草草收场。虽然每个人的潜能都是无限的,但是要做事,得脚踏实地,一步一步来。只有专心致志地做一件事,才能让自己不断地有新的领悟。这就如同树刚萌芽,用少量的水去浇灌,树芽稍长了一点,再多浇一点水。树从一臂粗到双臂合抱,浇水的多少,都要根据树的大小来决定,刚萌生的嫩芽,如果用一桶水去浇灌它,就会把它泡坏了。饭要一口一口吃,路要一步一步走,欲速则不达,揠苗助长,是不可能获得成功的。只要我们不忘初心,奋斗不止,一步一个脚印,走得平平稳稳,走得实实在在,就一定能够"长风破浪会有时,直挂云帆济沧海"。

  相信大家已经准备好了,储备好了,相信大家可以去实现自己的伟大理想了。

主题　**朝夕乘风破浪，未来光芒万丈**

寄件人　皓哥

时光飞逝，转眼你们在大学已度过了四年生活，专转本班的同学已在大学度过了两年生活。即将步入社会，各显身手，真心为你们高兴，真心为你们喝彩，真心祝福你们！

还记得当初你们报到时，带着很多行李，排队报名的样子；还记得你们军训时，病了不能军训我和你们一起坐在足球门边的场景；还记得去你们宿舍，和你们讨论宿舍内务如何打扫的场景；还记得你们考试考得不好时，把你们请到办公室一个个谈话的场景；还记得你们生病了，我一路奔跑着去宿舍陪你们去看病的场景；还记得……当然也还能体会到，当老师一遍遍发出通知，你们不曾理会的无奈；也还能体会到，你们长假前来请假时，一次次被我退回，你们又一次次据理抗争的焦灼感觉；还能体会到，当我一早去宿舍叫你们起床上课，然后自己站在宿舍门口，直至最后一个人按时去上课，我站在门外，气急万分的感觉；还体会到和你们聚餐时，一个个不愿离去，潸然泪下的感觉；还体会到……最后只记得难忘，只体会到不舍！

感谢大家一路的陪伴，对我工作的支持、理解与包容。在这四年里，每个人都长大了、成熟了，收获了很多知识。同样，因为你们的相伴，我更成熟了，收获的不仅是知识，更多的是经验。尽管我在不断地提醒自己工作不要有情绪，也极力地想用自己的言行去传教你们，但我可能做得不好，特别是在你们淘气时，在不被理解时，在一种恨铁不成钢的情绪下，我对你们说了重话、气话，发了脾气，感谢大家的不离不弃与最终的理解，谢谢大家！

最近我迷上了一部电视剧——《平凡的世界》，我想把我看后的体会与大家分享，剧中通过对几个人的命运和几个家庭的生活描述，深刻反映了当时社会的现状，也让我看到了当时人们的纯朴与善良、坚韧与自强、顽强与拼搏、执着与可爱。他们往往带着一种悲壮的激情，在一条最为艰难的道路上进行人生的搏斗。他们顾不上高谈阔论或愤世嫉俗地忧患人类的命运。他们首先要改变自己的生存条件，同时也放弃最主要的精神追求；他们既不鄙视普通人的世俗生活，但又竭力使自己对生活的认识达到更深的层次。当今这个时代是一个喧嚣浮躁、多种价值观并存的时代，每一个怀揣梦想并在追逐梦想的人们都可以看看《平凡的世界》，也可以读读这本书，它会让你懂得：尽管命运和社会是如此不公，可只要你能够不屈不挠、艰苦奋斗、勇往直前，终能获得最后的成功，自强才是真的强。每一个正在虚度光阴的人都建议你去观看或读一读《平凡的世界》，它会让你懂得自立自强才能生存与发展，爱拼才会赢，知足方能常乐，珍惜方知幸福！

各位进入社会后，都将有自己的人生规划，都将有自己的生活轨迹，都将有自己的朋友圈，但无论走得有多高、有多远、有多广，请保持良好的心态、健康的身心，养成良好的生活习惯。你拿青春赌明天，我用真情换此生。但无论如何又归为一句话"身体才是革命的本钱"！所以祝君多福，到哪都要照顾好自己！

与你们四年的相处之道，我一直是先动情，再讲理，从没有将你我的关系看成是师生关系，我喜欢我们以朋友相处。四年来的工作肯定有做得不到位的地方，我也在反思、总结。但你们是我完整带完的第一届学生，可以说，我还是倾注了很多的个人情感、精力和寄托的，所以希望你们一定要好好工作，努力工作；好好生活，快乐生活；好好做事，认真做事；好好为人，健康为人。

我会在反思过去的同时，从头再来，如果领导再让我从 15 级新生开始带，我一定会总结过去，展望未来，再创佳绩，希望你们能一直关注着母校，关爱着老师，关心着学弟学妹们。你们得通过自己的努力让自己能成为晓庄学院最响亮的"名片"，用你们的成绩来印证"今天我以晓庄为荣，明天晓庄以我为荣"这句话!

这封信写到这，请让我再和你们说几句毕业赠言吧!

一、学做一个懂得感恩的人。走向社会，你一定会发现，这个世界上除了亲人和老师，再没有人能做到，无论你说多么重和过分的话，做错了多少次的事，仍然对你不离不弃，教育着你、陪伴着你、呵护着你、努力地去改变着你，尽管有时你们还一再地反对与争执。老师犹如亲人一般不计前嫌地去培育着你们。当然，走进社会，你也一定会遇到工作中能帮助你的人，生活中关心着你的人，无论何时，我们都要记得感恩，唯此，才能让你在今后的成长中不断地积累着人缘，也才能让你遇到一个又一个真心朋友!

二、学做一个怀揣梦想的人。不同的年龄，不同的时期，所谓梦想，简单地说就是一个阶段的奋斗目标。人只有在明确的目标指引下，才能有所作为，才能有前进的动力。当然，这个梦想也要符合自己的实际,不妄自菲薄也不好高骛远,给自己定一个脚踏实地的目标,一步一个脚印去努力。不要想一口吃个大胖子,不要想着一夜暴富,不要想着投机取巧,不要想着不劳而获。

三、学做一个能够包容的人。在我这个年龄,对包容的理解就是学会换位思考,懂得理解别人。你认为的好朋友说不定在别人眼里就是宿敌,你认为是宿敌的说不定在别人眼里就是挚友。爱与恨、恩与怨、悲与欢、分与合都是相对的,切不可自以为是。不是有这么句台词吗,孙悟空逃不出如来佛的手掌心,不是如来的手有多宽,而是孙悟空的心太小。所以真的可以说:心有多宽路就有多宽。

四、学做一个敢打敢拼的人。很多学生还没有走出校园,不知道从哪儿学的,说什么都是内定的,什么都是走过场。很早以前有部电视剧《虎妈猫爸》,其中有这么一段剧情,我认为可以在此与大家分享,剧情是:当女主角在认真面试、力争第一时,有个面试官告诉她,其时不管她怎么努力,她都是第二,公司只会招一个人,因为内定好了第一人选。她很伤心,但是她还是努力准备了,结果第二天她表现太优秀了,并列第一,公司破格录用两个人。她当时就说,即便是输了,也要让自己输得精彩。所以,有实力才是硬道理,让自己不懈努力,让那些看不上你、不想用你的人感到后悔。

五、学做一个顾全大局的人。顾全大局的背后体现的是一个人的品德与修养、正直与善良、乐观与明理等。内在的含义很多,因为一谈到顾全大局,从集体来说,肯定是在一个困境中,在逆境之下;从个人来讲,肯定是受了委屈,受了压迫,受了很多的苦而并没有被全部认可之下。因此在这样的环境中,如何能、是否能做到顾全大局就显得难能可贵了!事事不要只看眼前,不要总觉得自己所付出的没有人知道,不要自作聪明,不要太急功近利。你们得学会吃苦,吃亏!你的机遇,你的成长,你的进步往往就在这一次次不经意间。

六、学会简单地做事。要相信你们周围的人都是有文化聪明之人,所以请你不要总觉得自己很懂,什么都懂,别人的话还没有说完你就不耐烦。不要带有私利去做事,不要随意地做事,不要只想着做占便宜的事,不要只想着做人前的事不做人后的事,不要说的话比你做的事还多,不要只知道做事而不想着如何去做事。多想想是不是真的把你所做的事做好了,能不能再高效点呢?

七、学会勇于担当。未来的社会一定是充满竞争的社会,那么这就要求每个人一定要明确责任。身上的责任多了，责任感就会变强，自然对自己的要求就会更高了。不要总是对自己说，做不好这个我就换，我还小，机会多。这种心态会让你失去斗志、迷失方向，更会让你成为一个随便之人。

八、学会时常反省。无论你是个有心人，还是做事很努力的人，不可能一下子改变"学生本气"和你们身上本来就有的"年轻气盛"，所以你们要记得，当做成功一件事或做错一件事时，在得意时说的话或失意时说的话，等晚上回到家，睡觉前或静下来时，好好想想，这样做的和说的对不对，养成这种习惯，会让你在不断的反省过程中，成熟得比别人快，成长得比别人快。无论是上司还是同事，或是朋友，会逐渐地感受到你的稳重与从容。

九、学会积极思考。无论是做人还是做事，都要学会去思考，思考可以让你不断进步，不仅让你有了知识，还让你有了文化。做事过程中，思考又能给你带来创新，带来效率，达到与众不同的效果，更能为你高质量地完整地做一件事打下坚实的基础。当然，思考也不是定式的，不能有本位主义的胡乱思考，不能有答案式的对应思考。一件事思考不到答案时学会换位思考，思考不下去时可以跳出来问自己是不是原本的方向就错了，不要让自己陷入僵局，爱因斯坦不是说过这么一句话吗："我们决不能用引起问题时一样的思路去解决问题。"所以，我们得学会思考。

十、学会自我感知。人生不如意之事十之八九，当今社会竞争压力会更多更大。我们如何学会自我感知、自我排压、自我调解就很重要。我有时在网上看到有的人受挫后做一些极端的事，在此我想对你们说，人不能只为自己而活，不能自私地活着，不要只想着自己。哪个人不会遇到挫折，如果一遇到挫折就走向极端，那你反而会被看轻，反而就会被认为就是没有本事、就是经不起考验、就是扶不起的阿斗。其实想想，一个人每经历一次挫折（不管是来自哪方面的），只要勇于面对，你必定会有收获，也会变得更加坚强。话说起来虽然简单，但我深知每个人处在困境中其实是很痛苦的，此时多调节一下自己，让自己放松，想些开心的事，想些正能量的事，多想想你身边那么多关心你的人，其实只要跨过这一步，前面将一片光明。我相信你们！

辅导员的工作一直很多、很杂、很忙、很累，所以写这些我只能一天天抽着空地写，总是在安排好工作的事之后再打开电脑，写到深夜。一天天地写、一遍遍地读、一次次地改，因为我想让自己所说的都是真情流露，又对你们真的有用。有时写着写着就开始自我反省、自我否定，因为我恨自己水平真的有限，总觉得没有写出我要流露的那份真情；总觉得没有写到我要表达的那份挚爱；总觉得没有精准地说出我想说的一切。当你们看到此处时，我只是想告诉你们：我的电话不会变，如果需要，我愿意做你们的参谋，做你们永远的朋友。我会一直关注着你们，晓庄是你们永远的家！

话说得再多，路还是要自己去走。生存必定存在竞争，但方法一定要光明磊落！生活也没有如果，每个人的命运，除了一部分受制于这个时代，更多的还是掌握在自己的手里。同学们、朋友们，请你们相信，今天你我的分别，一定是为了明天更好地相聚！加油吧，努力吧，奔跑吧，你们一定会有一个璀璨的人生、幸福的人生！